中等职业教育汽车专业理实一体化系列教材

汽车电工电子技术基础

（配任务工单）

主　编　毛建辉　李淑女　李　琳

副主编　钟淑贤　郭太辉　冯　津

参　编　李茂华　冯锦莹　廖宇鹏

　　　　李健平　范　凯

主　审　董成波

机械工业出版社

本书分 5 个学习领域，内容包括汽车电工电子基本技能、基本电路知识、电磁学的应用、汽车传感器和执行器应用、新能源汽车高压系统认知。本书以工学结合模式编写，突出课程的职业性和实践性；融入思政教育，注重职业道德、职业素质的培养，养成学生精益求精、实事求是的工匠精神。同时，本书结合国家、省、市有关汽车运用与维修专业学生技能竞赛的要求，融入"汽车电子电器与空调舒适系统技术初级 1+X 证书"考核标准的要求，实现岗、课、赛、证融通。

本书列举大量汽车电路实例，将电工电子课程与汽车专业课程进行有机融合，旨在为汽车专业类学生学习后续专业课程打下良好的基础。为方便职业院校开展理实一体化教学和信息化教学，本书配有任务工单。

本书融合了大量图片和动画，使用手机扫描书中二维码，可观看相关多媒体内容，方便读者学习和理解相关知识。

本书可作为中等职业院校汽车类专业的教学用书和汽车企业的培训资料，同时也可作为相关专业人员的参考用书。

图书在版编目（CIP）数据

汽车电工电子技术基础：配任务工单 / 毛建辉，李淑女，李琳主编. — 北京：机械工业出版社，2023.11（2024.9重印）

中等职业教育汽车专业理实一体化系列教材
ISBN 978-7-111-74170-1

Ⅰ.①汽… Ⅱ.①毛… ②李… ③李… Ⅲ.①汽车–电工–中等专业学校–教材②汽车–电子技术–中等专业学校–教材 Ⅳ.①U463.6

中国国家版本馆CIP数据核字（2023）第206056号

机械工业出版社（北京市百万庄大街22号 邮政编码100037）
策划编辑：齐福江　　　　　责任编辑：齐福江　赵晓峰
责任校对：甘慧彤　陈　越　封面设计：陈　沛
责任印制：刘　媛
涿州市般润文化传播有限公司印刷
2024年9月第1版第2次印刷
184mm×260mm·16.25印张·260千字
标准书号：ISBN 978-7-111-74170-1
定价：59.90元

电话服务　　　　　　　　　　网络服务
客服电话：010-88361066　　机　工　官　网：www.cmpbook.com
　　　　　010-88379833　　机　工　官　博：weibo.com/cmp1952
　　　　　010-68326294　　金　书　网：www.golden-book.com
封底无防伪标均为盗版　　机工教育服务网：www.cmpedu.com

　　当前，全球新一轮科技革命和产业变革蓬勃发展，汽车与能源、交通、信息通信等领域有关技术加速融合，电动化、网联化、智能化成为汽车产业的发展潮流和趋势。伴随着汽车产业技术的不断发展，汽车电子技术也不断进步，社会对汽车维修人员的技术要求也越来越高。

　　党的二十大提出"实施科教兴国战略，强化现代化建设人才支撑"，强调"加强基础学科、新兴学科、交叉学科建设，加快建设中国特色、世界一流的大学和优势学科"。工欲善其事，必先利其器，"汽车电工电子基础"作为专业基础课，以筑基为器，育人为本，在汽车电子技术不断创新和变革的背景下，为了培养适应社会需求的汽修高技能人才而设立。

　　本书作为汽车电工电子基础课程设计的教材，在编写中突显课程的职业性和实践性，在对实际工作任务进行调研的基础上，以真实工作任务为导向，在工学结合的理念下，列举了大量汽车电路实例，融入了实践技能训练内容，着重体现汽车专业特点，使电工电子与汽修专业紧密结合。本书围绕项目教学法，以实际的工作任务为导向，配有"任务工单"，便于学生自主学习。任务工单根据工作岗位对知识、能力、技能的要求进行设计，将真实工作内容融入其中，助力学生为今后的就业、创业打下坚实基础。此外，本书根据学生认知特点，注重创新意识、创新能力的培养，同时结合国家、省、市有关汽车运用与维修专业学生技能竞赛要求，融入"汽车电子电器与空调舒适系统技术初级 1+X 证书"考核标准的要求，实现岗、课、赛、证融通。

　　为方便读者在实际操作过程中与实物一致，本书任务工单中实训板实物图的图形符号与实训所用实训板的图形符号一致。

本书还按照国家职业资格标准要求，融入了思政教育，注重职业道德、职业素质，以及精益求精、实事求是的工匠精神的培养，全面提高中职学生的人才质量。

由于编者水平有限，书中难免有错漏之处，恳请各位同行及使用者批评指正。

编 者
2023 年 2 月

CONTENTS
目 录

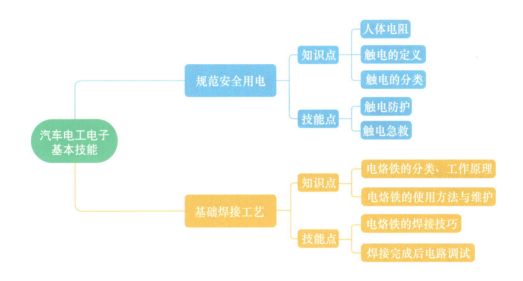

武汉两大优势产业联手打破国外 40 年技术垄断——汽车激光焊接

2020 年 11 月 12 日，第十七届光博会分论坛——第一届激光焊接技术应用论坛汽车制造专题举行，就激光焊接在汽车制造中的新应用进行研讨。这是光博会举办 17 年来，首次举办激光焊接技术汽车制造应用专题论坛。

在光博会现场，华工激光、武汉锐科展出一批激光切割、激光焊接高端装备，这些装备能广泛使用于汽车及零部件的制造。激光与汽车"握手"，率先实现于汽车车身制造领域。由华工激光联合华中科技大学、神龙、通用等单位共同研发的"汽车制造中的高质高效、切割关键工艺及成套装备"项目，曾荣获国家科技进步一等奖。该项目实现汽车制造领域中激光焊接、切割关键工艺及成套装备国产化，打破国外 40 多年的垄断，在汽车领域核心技术取得重大突破。使用智能激光焊接生产线，可满足不同车型混线生产，平均一分钟可焊接完成一部车，较之传统的点焊，速度提升 30% 以上，工艺成本降低 40%，车身刚度提高 30%。

在汽车制造领域，汉产高端焊接激光装备从车身制造向零部件、新能源汽车动力电池领域推进并取得突破，研发制造的蓝光光纤输出半导体激光器，能应用于金、银、铜等有色金属和合金钢的焊接，还能焊接新能源汽车的动力电池，有效提高了动力电池的效率和安全性。

——引自《长江日报》

? **请思考：**

1. 激光焊接在汽车制造领域如何应用以及有哪些优点？

2. 请你谈谈激光焊接的前景如何？你认为如何才能学好焊接技术？

学习任务一　规范安全用电

📖 学习情境概述

随着新能源汽车的日益普及，电在汽车领域中的应用也日渐广泛。新能源汽车的工作电压是数百伏高压电，远远超过人体所能承受的 36V 安全电压。因此，在新能源汽车维修过程中，若操作不当，小则损坏汽车，大则危及人身安全。本任务是学习如何规范安全用电，通过搭建电路，在安全的前提下模拟人体对不同大小电流的电击反应，以此感知高压电的伤害，并通过规范的操作，养成良好的职业素养。

✈ 学习目标

知识目标：

1. 能讲述电流对人体的危害及影响因素。

2. 能讲述触电的种类。

3. 能讲述触电事故的有效预防措施。

技能目标：

1. 能正确使用防护用具进行安全操作。

2. 能使用实训板模拟触电，验证人体对不同类型电流的反应。

3. 能正确运用施救措施应对触电事故。

素养目标:

1. 规范实训 7S 管理。

2. 培养自主学习能力和团队合作能力。

3. 崇尚劳动,形成敢创新、敢挑战、爱岗敬业的职业精神。

安全用电

📖 知识链接

一、人体电阻

人体本身是一个导电体,相当于电阻,如图 1-1-1 所示,人体电阻的大小是影响触电后人体受到伤害程度的重要物理因素,但其阻值并不是一个固定的数值。一般情况下,干燥的皮肤在低电压下具有比较高的电阻,阻值大约是 $100\text{k}\Omega$。当电压高达数百伏时,人体电阻便下降为 $1\text{k}\Omega$ 左右。人体电阻的大小与人体触电面积、身体状况、皮肤干燥程度等有关。

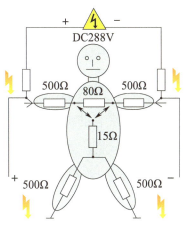

图 1-1-1 人体电阻分布示意图

二、触电的危害与影响因素

电对人体造成的伤害称为电击伤,俗称触电。

科学研究表明,电对人体伤害的程度与通过人体电流的大小、持续时间、通过途径、电流的种类以及人体的状况有关。其中,通过人体电流的大小取决于所触电压值和人体电阻。一般来说,低于 0.7mA 的交流电流流过人体时不会有明显感觉,10~16mA 时人可以自行摆脱带电体,超过 50mA 就会在较短时间内引起心脏颤动。不同种类、不同大小的电流对人体的作用效果不同,见表 1-1-1。

表 1-1-1 不同大小的交流、直流电流对人体的作用

电流 /mA	对人体的作用效果	
	50~60Hz 交流电流	直流电流
0.6~1.5	开始有感觉(手轻微颤抖)	手指开始有发麻的感受
2~3	手指强烈颤抖	手指可以有强烈的发麻感受
5~7	手部痉挛	手指肌肉轻微抖动,手指刺痛
8~10	手难于摆脱带电体但还能摆脱,手指尖到手腕剧痛	手指关节轻微疼痛,手指不受控制,离不开带电体

（续）

电流 /mA	对人体的作用效果	
	50~60Hz 交流电流	直流电流
20~25	手迅速麻痹，不能摆脱带电体，剧痛，呼吸困难	手指剧烈疼痛，呼吸急促，无法控制离开带电体
50~80	呼吸麻痹，心房开始震颤	呼吸麻痹，头发懵，有强烈的灼痛感，呼吸困难
90~100	呼吸麻痹，低续 3s 就会造成心脏停搏	呼吸困难，心脏跳动紊乱或者停止跳动
300 以上	作用 0.1s 以上时呼吸和心脏停搏，机体组织遭到电流的热破坏	

三、触电的原因与种类

1. 触电的原因

总结触电的原因，无非两种情况：一是人员失误，如忽视安全操作规程、违章冒险作业，触碰到正常工作中的设备带电部分；二是设备异常，如输电线或电气设备的绝缘损坏、意外带电伤及不知情人员。

2. 触电的种类

大多数的触电事故是因人体直接接触带电体所致，一般有以下三种情况：

单相触电： 是指人体触及一根带电导体（相线）或接触到漏电的电气设备外壳，电流通过人体流入大地，如图 1-1-2a 所示。

两相触电： 是指人体的两个部位（如手或脚等）分别触及两相带电导体（相线），电流从相线通过人体流入另一根相线，如图 1-1-2b 所示。两相触电的危险性比单相触电大。

a）单相触电   b）两相触电

c）跨步电压触电

图 1-1-2　触电的种类示意图

跨步电压触电：当输电线路断线跌落地面或是电气设备发生接地故障时，电流将向大地流散，跌落点或接地点附近有电。当人在这一区域行走时，虽然人体没有直接接触带电体，但其两脚之间的电压（称为跨步电压）会使人体内产生电流，从而发生跨步电压触电，如图 1-1-2c 所示。

四、触电事故的预防方法

从触电的原因出发，要有效地预防触电事故的发生，主要从人员防护和设备防护两个方面入手。

1. 人员防护

绝缘是最好的防电击伤害的办法，使用不导电的防护用具将身体保护起来，隔绝电流的导通，以此来达到预防电击的目的。带电作业时必须穿工作服，戴绝缘手套，穿绝缘鞋。绝缘手套、绝缘鞋属于绝缘安全用具（见图 1-1-3），是用特种橡胶制成的，可以有效地阻隔电流，起到预防触电伤害、保护人身安全的作用。

a）绝缘手套　　　　　　　　　　b）绝缘鞋

图 1-1-3　绝缘安全用具

2. 设备防护

除了对人员进行绝缘防护，还可以通过对所使用的设备进行防护，达到预防触电的目的。对设备的防护一般有以下几种方式：

（1）**干燥处理**　潮湿环境下，设备的绝缘性能下降，设备内部含水分的积尘可能将原来不通的电路连通，使设备出现无法预计的漏电、短路等异常情况。为此，设备需要保持干燥。

（2）**绝缘防护**　绝缘防护就是将设备中可能带电的部分用绝缘材料封护或隔离起来，如导线外包绝缘层、将变压器浸泡在绝缘油内等。

（3）**接地处理**　所谓接地就是将电气线路或设备的某一点与大地进行可靠

的连接。

（4）**安装漏电保护装置**　漏电保护装置是用来防止人身触电和漏电引起事故的一种接地保护装置，当电路或用电设备漏电电流大于装置的规定值，或人、动物发生触电危险时，它能迅速动作，切断事故电源，避免事故的扩大，保障了人身、设备的安全。

（5）**设置屏护、安全间距与安全标志**　要预防触电事故，除了做好人员、设备的防护以外，还需要注意工作场所是否达到安全电压的要求。为了确保用电的安全，根据使用环境、使用方式等规定不同的安全电压，见表1-1-2。

表1-1-2　不同工作环境的安全电压等级

工作环境	安全电压等级
人体需要长期触及的医疗器械	6V 或 12V
工作面积狭窄，操作者容易大面积接触带电体的锅炉、金属容器内	24V
矿井、多导电粉尘及类似场所使用的行灯	36V
有触电危险的场所使用的手持式电动工具	42V

五、触电事故的紧急处理

一旦发生触电事故，应根据现场具体条件，在保证施救者自身安全的前提下，首先迅速使触电者脱离带电导体，然后进行现场急救，同时派人拨打"120"急救电话请求救治。

1. 脱离电源的方法

根据现场情形用"拉、挑、拽、垫、切"等方法使触电者脱离电源。

拉：就近拉断电源开关、拔下电源插头以切断电源。

挑：周围有干燥的木棒、木板、竹竿等绝缘物体，可手握绝缘物体迅速将电线挑开。

拽：触电者身上的衣服干燥且没有紧缠在身上，施救者可用干衣服、干毛巾等把自己一只手做严格绝缘包裹后，单手拉触电者的衣服将其拉离带电体。（注意：不要触及触电者的裸露皮肤，且此法只适用于低压触电。若施救者未穿鞋或鞋已潮湿，则不能用此方法。）

垫：如果触电者由于痉挛手指紧握导线或导线缠绕在身上，可用干燥的木板等绝缘物垫入触电者的身下。

切：以上方法均不适用时，用带绝缘胶柄的钳或带绝缘木柄的刀斧等工具将电源线切断。

2. 现场急救措施

脱离电源后应遵循"迅速、就地、准确、坚持"的基本原则，根据现场诊断结果采取相应的办法进行现场急救。若触电者心跳及呼吸均有，只是晕倒，可用嗅氨水、按"人中"穴的方法对其进行抢救；若触电者心跳停止，则要对其进行胸外心脏按压抢救；若触电者呼吸停止，须对其进行口对口人工呼吸抢救；若触电者心跳及呼吸均无，应同时做人工呼吸和胸外按压，即实施心肺复苏法，如图1-1-4所示。

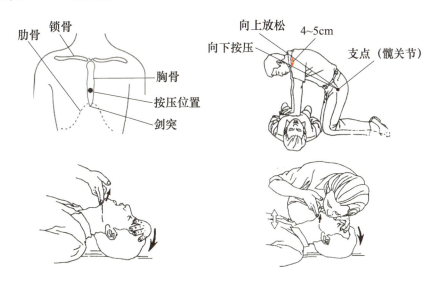

图 1-1-4　心肺复苏法示意图

课后习题

一、单选题

1. 让触电者脱离电源的五字口诀"拉、挑、拽、垫、切"中，不正确的做法是（　　　　）。

　A. 可手握绝缘物体迅速将电线挑开

　B. 用绝缘物体系住触电者，将其拉离带电物体

　C. 救人重要，没多余时间做防护，立即用手握住触电者，拽其离开带电体

　D. 以上都不正确

2. 电对人体伤害的程度与通过人体（　　）的大小和持续时间有关。

    A. 电阻   B. 电压   C. 电流   D. 功率

3. 发生火灾时求援的最佳方法是（　　）。

    A. 拨打电话 110   B. 拨打电话 120

    C. 拨打电话 119   D. 拨打电话 114

4. 发现家里有人发生触电意外时，首先应（　　）。

    A. 敲邻居家的门，向邻居家求救   B. 拨打电话报警求救

    C. 拉断家里的电源总开关   D. 拨打 110 求助

二、判断题

1. 触电一定有电流通过人体。   （　　）

2. 为了方便儿童对玩具进行充电，可将电源插座安装在儿童容易触摸到的位置。   （　　）

3. 电气设备（用具）长期不用时，最好将电源插头从电源插座上拔下。   （　　）

4. 触电者心跳停止，但呼吸尚存，可用胸外按压的方法抢救。 （　　）

5. 脱离电源后应遵循"迅速、就地、准确、坚持"的基本原则。 （　　）

学习任务二　基础焊接工艺

📖 学习情境概述

    电烙铁是电子制作和电路维修的必备工具，主要用途是焊接元件及导线，按机械结构可分为内热式电烙铁和外热式电烙铁，按功能可分为无吸锡式电烙铁和吸锡式电烙铁，根据用途不同又分为大功率电烙铁和小功率电烙铁。

    本次任务通过学习电烙铁的工作原理、使用方法，练习焊接技术，并完成实训任务——音乐电路板的焊接测试。

✒ 学习目标

知识目标：

1. 能讲述电烙铁的分类、工作原理。

2.能讲述电烙铁的使用方法和基本维护方法。

技能目标：

1.能熟练进行电烙铁焊接技巧的操作。

2.能正确使用电烙铁焊接并进行电路调试。

素养目标：

1.规范实训 7S 管理。

2.培养自主学习、团队合作能力。

3.崇尚劳动，形成敢创新、敢挑战、爱岗敬业的职业精神。

电烙铁的
使用

📖 知识链接：电烙铁

一、电烙铁的分类

电烙铁分为外热式和内热式两种。内热式电烙铁体积较小，发热效率较高，而且更换烙铁头也较方便。其发热芯是装在烙铁头的内部，热损失小。市场上常见的电烙铁功率有 16W、20W、35W、50W 这 4 种，其中 35W 是最常用的，图 1-2-1a 是内热式电烙铁。

外热式如名字所讲，"外热"就是指"在外面发热"，因发热芯在电烙铁的外面而得名。它既适合于焊接大型电子元器件，也适用于焊接小型的元器件。由于发热电阻丝在烙铁头的外面，有大部分的热散发到外部空间，所以加热效率低，加热速度较缓慢，一般要预热 2~5min 才能焊接。其体积较大，焊小型元器件时显得不方便。但它有烙铁头使用的时间较长，功率较大的优点，有 25W、30W、40W、50W、60W、75W、100W、150W、300W 等多种规格。大功率的电烙铁通常是外热式的，图 1-2-1b 是外热式电烙铁。

a）内热式电烙铁 b）外热式电烙铁

图 1-2-1 电烙铁类型

二、电烙铁的使用方法与维护

电烙铁是用来焊接电子元器件的，为方便使用，通常用"焊锡丝"作为焊剂，焊锡丝内一般都含有助焊的松香。焊锡丝使用约 60% 的锡和 40% 的铅合成，熔点较低。

松香是一种助焊剂，可以帮助焊接。松香可以直接用，也可以配置成松香溶液，就是把松香碾碎，放入小瓶中，再加入酒精搅匀。注意酒精易挥发，用完后记得把瓶盖拧紧。瓶里可以放一小块棉花，用时就用镊子夹出来涂在印制电路板上或元器件上。

电烙铁选用可调式的恒温烙铁较好，图 1-2-2 为恒温电烙铁台架；平时不用烙铁的时候，要让烙铁嘴上保持有一定量的锡，不可把烙铁嘴在海绵上清洁后存放于烙铁架上；海绵需保持有一定量水分，以使海绵湿润；拿起烙铁开始使用时，需清洁烙铁嘴，但在使用过程中无须将烙铁嘴拿到海绵上清洁，只需将烙铁嘴上的锡搁入集锡硬纸盒内，这样保持烙铁嘴的温度不会急速下降，烙铁温度在 340 ~ 380℃ 之间为正常情况，烙铁头发黑说明烙铁头已经损坏，不可用刀片之类的金属器件处理，而是要先用砂纸磨掉表面氧化物质露出内部金属后，迅速上锡来解决；每次用完后，先清洁，再加足锡，然后马上切断电源。

图 1-2-2　恒温电烙铁台架

三、电烙铁使用注意事项

1）电烙铁使用前应检查使用电压是否与电烙铁标称电压相符。

2）电烙铁通电后不能任意敲击、拆卸及安装其电热部分零件。

3）电烙铁应保持干燥，不宜在过分潮湿或淋雨环境使用。

4）拆烙铁头时，要切断电源；人体禁止接触发热烙铁头。

5）切断电源后，最好利用余热在烙铁头上上一层锡，以保护烙铁头。

6）当烙铁头上有黑色氧化层时，可用砂纸擦去，然后通电，并立即上锡。

7）海绵用来收集锡渣和锡珠，用手捏刚好不出水为适。

课后习题

一、单选题

1. 起到焊接元件及导线的工具是（　　　　）。

    A. 螺钉旋具　　　　B. 斜嘴钳　　　　C. 电烙铁　　　　D. 海绵

2. 电烙铁可以分为内热式电烙铁和（　　　　）。

    A. 外热式电烙铁　　　　　　　　B. 自热式电烙铁

    C. 发热式电烙铁　　　　　　　　D. 都不是

3. 在焊接过程中作为焊剂的是（　　　　）。

    A. 松香　　　　　　B. 焊锡　　　　C. 电烙铁　　　　D. 海绵

4. 在焊接过程中作为助焊剂的是（　　　　）。

    A. 松香　　　　　　B. 焊锡　　　　C. 电烙铁　　　　D. 海绵

5. 市场上常见的功率有 16W、20W、35W、50W 这 4 种，其中（　　　　）是最常用的。

    A. 16W　　　　　　B. 20W　　　　C. 35W　　　　D. 50W

二、判断题

1. 切断电源后，最好利用余热在烙铁头上上一层锡，以保护烙铁头。

    （　　　）

2. 电烙铁应保持干燥，不宜在过分潮湿或淋雨环境使用。　　　（　　　）

3. 电烙铁通电后可以任意敲击、拆卸及安装其电热部分零件。　（　　　）

4. 松香可以直接用，也可以配置成松香溶液。　　　　　　　（　　　）

5. 焊锡丝是用约 60% 的锡和 40% 的铅合成的，熔点较低。　（　　　）

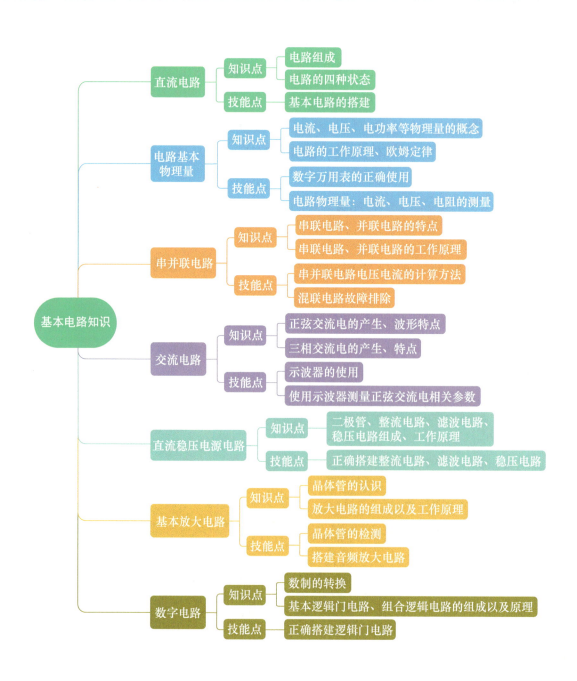

- 基本电路知识
  - 直流电路
    - 知识点
      - 电路组成
      - 电路的四种状态
    - 技能点
      - 基本电路的搭建
  - 电路基本物理量
    - 知识点
      - 电流、电压、电功率等物理量的概念
      - 电路的工作原理、欧姆定律
    - 技能点
      - 数字万用表的正确使用
      - 电路物理量：电流、电压、电阻的测量
  - 串并联电路
    - 知识点
      - 串联电路、并联电路的特点
      - 串联电路、并联电路的工作原理
    - 技能点
      - 串并联电路电压电流的计算方法
      - 混联电路故障排除
  - 交流电路
    - 知识点
      - 正弦交流电的产生、波形特点
      - 三相交流电的产生、特点
    - 技能点
      - 示波器的使用
      - 使用示波器测量正弦交流电相关参数
  - 直流稳压电源电路
    - 知识点
      - 二极管、整流电路、滤波电路、稳压电路组成、工作原理
    - 技能点
      - 正确搭建整流电路、滤波电路、稳压电路
  - 基本放大电路
    - 知识点
      - 晶体管的认识
      - 放大电路的组成以及工作原理
    - 技能点
      - 晶体管的检测
      - 搭建音频放大电路
  - 数字电路
    - 知识点
      - 数制的转换
      - 基本逻辑门电路、组合逻辑电路的组成以及原理
    - 技能点
      - 正确搭建逻辑门电路

汽车电子全"链"赋能 2023 上海车展

2023 年 4 月 18 日，第二十届上海国际汽车工业展览会拉开帷幕。本次大会，中国电子科技集团有限公司围绕"锻造汽车芯片全产业链"主题，全面展示了计算、控制、模拟、功率、驱动、电源等各大类领先芯片产品，广泛应用于底盘、车身、动力、整车控制、智能驾驶、座舱网联等六大系统的整体解决方案，系统展现了集团公司深耕"材料—装备—设计—制造—芯片—软件—认证—控制器—汽车"等环节，科技赋能汽车电子全产业链自主创新、向价值链高端攀升的能力和水平。有了各类芯片的支持，汽车才能实现智能"大脑"和强力"心脏"的新特性。

人头攒动的展台上，中国电科十大类"高精尖"芯片"群星闪烁"：DSP、高安全 FPGA 等计算芯片，可应用于底盘控制、疲劳驾驶预警、车载信息娱乐等领域；32 位 MCU 芯片，可应用于车身控制、智能座舱等领域；模拟开关、运算放大器、比较器等模拟芯片，解决多通道、高增益、低失调等关键技术难题；加速度计、MEMS 压力传感器、六轴惯性导航单元等传感芯片，承担着汽车感知并获取自然环境中信息数据的功能。

芯片、车用控制器、基础软件平台持续创新，累积供货近亿只（套）。近年来，中国电科汽车电子产业蓬勃发展。中国电科将继续攻坚关键核心技术，持续打造创新产品和解决方案，为汽车工业提供更多优质的产品。

——引自中国日报网

? 请思考：

1. 从 2020 年开始，全球车企遭遇缺"芯"之痛。你觉得主要原因在哪里？谈谈你的想法。

2. 汽车芯片为什么这么重要？制造一辆汽车需要多少芯片呢？

学习任务一 认识汽车直流电路

📖 学习情境概述

　　任何复杂的单电源电路都是由简单电路组成的。最简单的电路由电源、用电器（负载）、导线、开关等元器件组成。掌握电路的基本原理和组成，就能举一反三。本次学习任务通过学习电路的原理、组成，学会搭建基本电路模型，并能够以此进行电路故障分析和排除。

✈ 学习目标

知识目标：

1. 能讲述电路的原理和电路各组成部分的作用。

2. 能讲述识别电路的通路、断路、短接、虚接的方法。

技能目标：

1. 能按要求进行简单汽车电路连接。

2. 能根据电路原理分析电路故障。

素养目标：

1. 规范实训 7S 管理。

2. 培养自主学习、团队合作能力。

3. 崇尚劳动，形成敢创新、敢挑战、爱岗敬业的职业精神。

📖 知识链接

一、电路的组成

电路的组成及状态

　　电路是把电源、用电器（负载）、控制器件等用导线连接起来组成的电流流通的路径，图 2-1-1 是简单的直流电路。电路由以下几个部分组成：

　　电源：供电的器件（提供电能的器

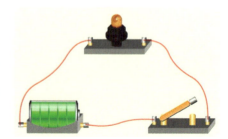

图 2-1-1 简单的直流电路

件），如干电池、蓄电池等。

用电器（负载）：利用电能工作的器件（消耗电能的器件），如灯泡、电阻、电机等。

控制器件：控制电路通断和保护电路的器件，如开关、熔断器（熔体）等。

导线：用来连接电路，有传导电荷的作用，如铜线、铝线等。

二、汽车电路的组成与特点

一辆汽车包含上千个单独的电路，其中某些电路非常复杂，但其工作原理都是相同的。若要构成一个完整的电路，就必须有电源、负载、控制保护和导线。

无论电路构成组件的数量有多少，或其位置如何，电流总是在一个完整回路中流动。在汽车电路中，电流总是从电源正极经由负载，最后回到电源负极，表 2-1-1 为汽车电路的主要部件。

表 2-1-1　汽车电路的主要部件

电源（蓄电池或发电机）	导体（导线或电缆）	保护装置（断路器）
接地通路（车体底盘）	负载（灯泡或电机）	控制装置（开关或继电器）

三、常见的电路符号

电路的实物连接图，绘制比较烦琐，我们一般绘制电路时电路中的元器件都是以电气符号来代替的，而且电气符号都是有标准规定的，表 2-1-2 是电路图中常见的电工标准电气符号。

表 2-1-2　常见的电工标准电气符号

名称	符号	名称	符号
电阻	 ○─[▭]─○	电压表	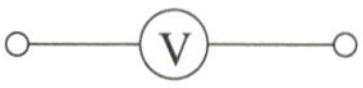 ○──(V)──○
电池	 ○──┤├──○	接地	 ⏚ 或  ⊥
电灯	 ○──⊗──○	熔断器	 ○──[▭]──○
开关	 ○──╱ ○	电容	 ○──┤├──○
电流表	 ○──(A)──○	电感	 ○──ᴍᴍᴍ──○

四、电路的四种状态

电路的四种工作状态包括通路（闭路）、开路（断路）、短路和虚接（接触不良），表 2-1-3 是各种电路状态图示。

表 2-1-3　电路状态图示

电路状态	图示
1.通路（闭路） 电路接好后，闭合开关，处处相通的电路	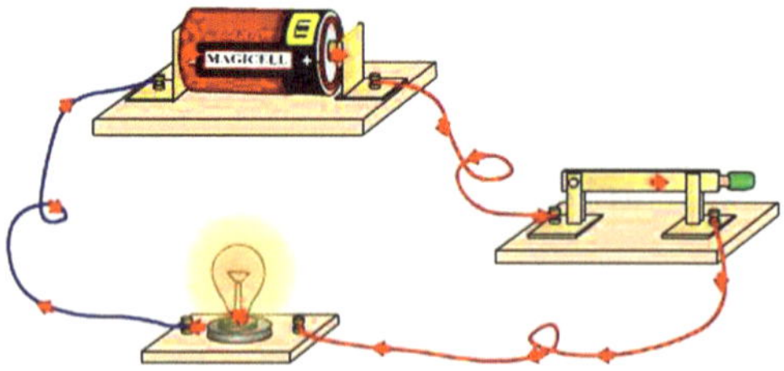
2.开路（断路） 开关未闭合或电线断裂、接头松脱使线路在某处断开的电路	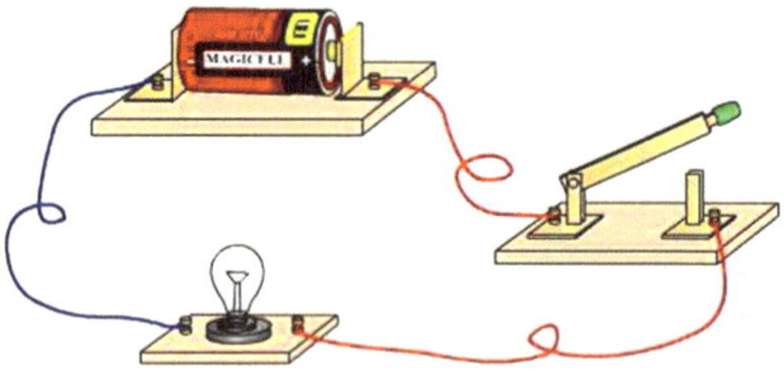
3.短路 导线不经过用电器直接跟电源两极连接的电路。短路时，电流很大，电源和导线会因发热过多而被烧坏。因此，短路是要禁止的	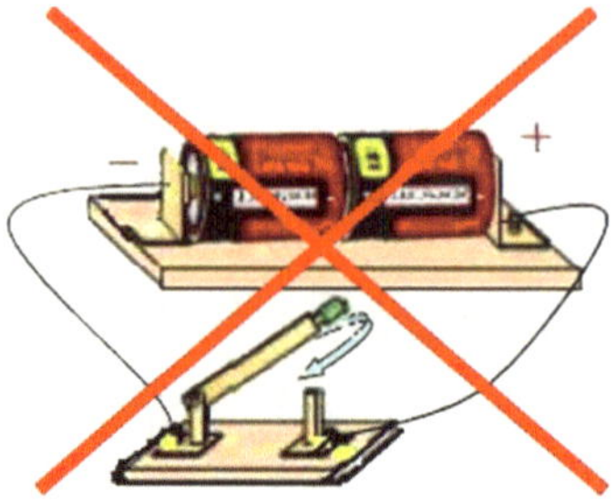

（续）

电路状态	图示
4. 虚接（接触不良） 电路导线连接处没有接好或焊点没有焊好，两接触点间相当于接入一个阻值很大的电阻	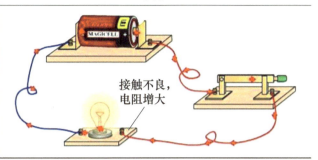 接触不良，电阻增大

 课后习题

一、单选题

1. 将电源、导线、开关、用电器等元器件连接在一起就组成了（　　　）。

 A. 电路   B. 通路   C. 断路   D. 开路

2. 在电路中提供电能的装置称为（　　　）。

 A. 电源   B. 负载   C. 开关   D. 导线

3. 消耗电能的元器件是（　　　）。

 A. 电源   B. 负载   C. 开关   D. 导线

4. 以下四个图中，（　　　）是连接错误的，会烧毁电源。

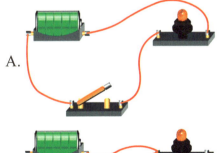

A.

B.

C.

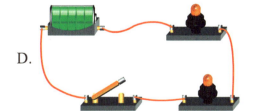

D.

5. 以下电气图形符号表示接地的是（　　　）。

 A. ○—▭—○   B. ○—⊗—○

 C. ○—◠◠◠—○   D. ⏚ 或 ⏚

二、判断题

1. 电路是由电源、导线、开关和负载组成的。　　　　　　　　　　（　　）

2. 导线的作用是连接电路，传递电荷。　　　　　　　　　　　　（　　）

3. 电路接通后能正常使用的称为开路。　　　　　　　　　　　　（　　）

4. 熔断器的电路符号是：○——□——○。　　　　　　　　　　　（　　）

5. 短路电流很大，电源和导线会发热严重。　　　　　　　　　　（　　）

学习任务二　汽车电路基本物理量测量与计算

📖 学习情境概述

　　电路电流是无形的，需要通过专用的仪器测量才能对其进行分析。电路有串联与并联两种类型。复杂的电路是由多条支路串并联汇集而成。本次学习任务通过学习万用表的使用，测量电路的基本物理量，学会通过使用万用表测量出电路是处于通路、短路还是断路的状态，进而完成电路故障的排查；并在欧姆定律的基础上，结合串并联电路中电压电流的规律来解决串并联电路中较复杂的电学问题。

✈ 学习目标

知识目标：

1. 能讲述汽车电路中基本物理量的定义与换算关系。

2. 能运用欧姆定律对电路物理量进行熟练换算。

3. 能讲述串联电路、并联电路以及混联电路特点以及工作原理。

技能目标：

1. 能正确使用数字万用表测量电路的基本物理量（电流、电压、电阻等）及计算方法。

2. 能用万用表测量串并联电路电阻参数。

3. 能进行混联电路的简单故障排除。

素养目标:

1. 规范实训 7S 管理。

2. 培养自主学习、团队合作能力。

3. 崇尚劳动,形成敢创新、敢挑战、爱岗敬业的职业精神。

知识链接一: 电路的基本物理量

一、电路中的基本物理量

电路的特性是由电流、电压和电功率等物理量来描述的。电路分析的基本任务是计算电路中的电流、电压和电功率。

1. 电流

什么是电流? 我们知道,水能在管中的流动,称为水流。同样,电子也能在导线中流动,这种电子的流动就叫作电流,如图 2-2-1 所示。电流是电荷(带电粒子)有规则的定向运动而形成的。

当我们闭合电源开关的时候,电灯就会发光,电炉就会发热,电动机就会转动,这是因为在电路中有电流通过的缘故。

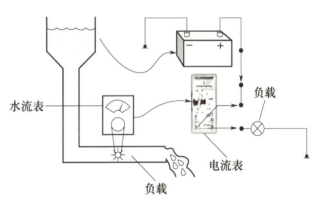

图 2-2-1　水流与电流的产生

(1)**电流的大小和单位**　表征电流强弱的物理量叫作电流强度,简称电流,用字母"I"表示。电流强度在国际上定义为单位时间内通过导线某一截面的电荷量。数学表达式为 $I=Q/t$。

在国际单位制(SI)中,电流的单位名称是安培,简称安,用符号 A 表示。并规定每秒通过导线截面的电量为 1 库伦时的电流为 1 安$^{\ominus}$。电流的单位也可用千安(kA)、毫安(mA)、微安(μA)表示,它们之间的换算关系为

$$1kA=1000A \qquad 1A=1000mA \qquad 1mA=1000\mu A$$

(2)**电流的方向**　实际上,导体中的电流是由负电荷在导体中流动形成的,

$\ominus$　在实际测量中,使用电流表或万用表电流档串联入被测电路中,且要注意极性,严禁将电流表并联在被测电路两端。

而习惯上规定正电荷运动的方向或负电荷运动的相反方向作为电流的方向（实际方向）。因此导体中的电流不仅具有大小，而且具有方向性。

大小和方向都不随时间而变化的电流称为恒定直流，简称直流（Direct-Current，DC），其波形如图 2-2-2 所示。方向始终不变，大小随时间而变化的电流称为脉动直流电流（Pulsation Direct-Current），其波形如图 2-2-3 所示。大小和方向均随时间变化的电流称为交流电流，通常其大小和方向随时间做周期性变化，简称交流，其波形如图 2-2-4 所示。

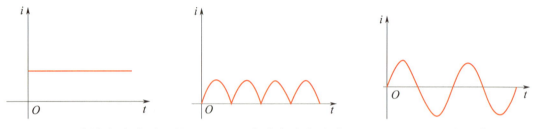

图 2-2-2　直流电流波形　　图 2-2-3　脉动直流电流波形　　图 2-2-4　交流电流波形

（3）电流产生的条件

1）必须具有能够自由移动的电荷（金属中只有负电荷移动，电解液中为正负离子同时移动）。

2）导体两端存在电压差（要使闭合回路中得到持续电流，必须要有电源）。

3）电路须为通路。

（4）电流的三大效应

1）热效应。导体通电时会发热，把这种现象叫作电流热效应。例如电阻通电后会发热。

2）磁效应。1820 年丹麦物理学家奥斯特意外发现：载流导线的电流会作用于磁针，使磁针改变方向，这就是电流的磁效应。电流的磁效应是指任何通有电流的导线，都可以在其周围产生磁场的现象，例如继电器线圈通电后，会产生磁吸力。

3）化学效应。电的化学效应主要是电流中的带电粒子（电子或离子）参与而使得物质发生了化学变化，例如蓄电池的充电过程。

2. 电压与电动势

如图 2-2-5 所示，高度不同产生压力不同，产生了势能，导致水的流动。电压也是一样，因为两点间存在电势差，导致了正的带电离子从高电势向低电势流动，从而形成电流。电流形成的根本原因是具有回路的导体两端存在电势差，我们常见的干电池、锂电池和铅酸电池，两接线端子都存在电压。

电压是用来表示电场力移动电荷做功本领的。在物理上定义为 a、b 两点之间的电压 U_{ab}，在数值上就等于电场力将单位正电荷 q 从 a 点移到 b 点所做的功，数学表达式为 $U_{ab} = W_{ab}/q$。

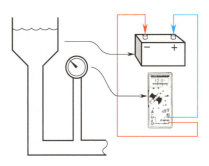

图 2-2-5 水压与电压的产生

电动势是用来表示电源移动电荷做功本领的物理量，用字母 "E" 表示。电源的电动势，在数值上等于电源把单位正电荷从负极 b（低电位）经由电源内部移到电源的正极 a（高电位）所做的功。

（1）电压的单位和大小 在国际单位制（SI）[⊖]中，电压和电动势的单位都是伏特（焦耳 / 库仑），简称 "伏"，用大写字母 "V" 表示。1 伏特等于对 1 库仑的电荷做了 1 焦耳的功，即 1V=1J/C。其单位还有千伏（kV）、毫伏（mV）和微伏（μV），它们的换算关系如下：

$$1kV=1000V \qquad 1V=1000mV \qquad 1mV=1000\mu V$$

（2）电压的方向 电压的实际方向规定为：由高电位（"+" 极性）端指向低电位（"–" 极性）端，即电位降低的方向。电源电动势的实际方向规定为：在电池内部由低电位（"–" 极性）端指向高电位（"+" 极性）端，即电位升高的方向。

（3）电位的概念 在电路中选定一个参考点（即零电位点），则电路中某一点与参考点之间的电压即该点的电位，单位也是伏特。

参考点（零电位）的选择：在电力电路中常以大地作为参考点；电子电路中常以多条支路汇集的公共点或金属底板、机壳等作为参考点；在汽车电路中常以金属车身作为参考点，连接的是蓄电池的负极，通常称作搭铁。

3. 电路的电阻

管路大小对水流有阻碍作用，同样，物质也能对电流产生阻碍作用，我们称其是该作用下的电阻物质，如图 2-2-6 所示。电阻将会导致电子流通量的变化，电阻越小，电子流通量越大，反之亦然。没有电阻或电阻很小的物质称其为电导体，简称导体，如金、银、铜、铁等；不能形成电流传输的物质称为电

⊖ 国际单位制的法语是 Système International d'Unités，符号为 SI。

绝缘体，简称绝缘体，如玻璃、橡胶等。

（1）电阻的单位和大小　导体对电流的通过具有一定的阻碍作用，称为电阻，用字母 R 表示，单位是欧姆，简称欧，通常用希腊字母 Ω 表示。电源内部的电阻称为内阻，电源以外导线及负载的电阻称为外电阻。在汽车上，常见的电阻有点火线圈电阻、继电器线圈电阻、喷油器线圈电阻等，如图 2-2-7 所示。较大的电阻也可以用千欧（$k\Omega$）或兆欧（$M\Omega$）作为单位。它们之间的关系为

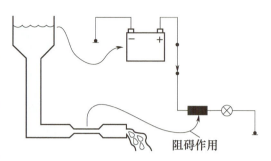

图 2-2-6　水流与电流的阻碍

$$1M\Omega=1000k\Omega \qquad 1k\Omega=1000\Omega$$

电阻反映了导体的导电能力，是导体的客观属性，它的大小与导体的材料、长度，以及导体横截面积有关，还与导体所处的环境温度有关。实验结果表明，在保持温度不变的条件下，导体的电阻跟导体的长度成正比，跟导体的横截面积成反比，并与导体的材料性质有关，即

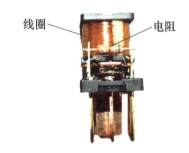

图 2-2-7　继电器线圈电阻

$$R = \rho \frac{l}{S}$$

式中，ρ 为导体电阻率，单位为 $\Omega \cdot m$，它与导体的几何形状无关，而与导体材料的性质和导体所处的条件有关（如温度）；l 为导体长度，单位为 m；S 为导体横截面积，单位为 m^2。

（2）电阻的标注方法

1）文字符号法：用阿拉伯数字和文字符号在电阻器表面直接标出标称阻值和允许误差，如图 2-2-8 所示。

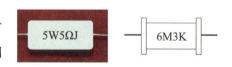

图 2-2-8　电阻值标法

注：图中 5W 代表电阻的额定功率为 5W，5Ω 代表电阻值为 5Ω，J 代表误差为 ±5%。

2）色环法：用不同颜色的环在电阻器的表面标出标称阻值和允许误差，色环的数目常见的有 4 种或 5 种，如图 2-2-9 所示。

色环与数字的对应关系见表 2-2-1。

图 2-2-9　色环电阻

表 2-2-1 色环与数字的对应关系

色环	棕	红	橙	黄	绿	蓝	紫	灰	白	黑	金	银	无
数字	1	2	3	4	5	6	7	8	9	0	5%	10%	15%

首先，确定有 *n* 个色环。其次，第一环表示的数值连接第二环表示的数值……连接到第（*n*–2）环表示的数值乘以 10 的第（*n*–1）环表示的数值次方。最后一环表示精度，如图 2-2-10 所示。

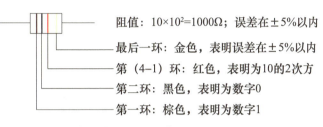

> 色环标注记忆小技巧
>
> 棕一红二橙是三，
> 黄四绿五六为蓝，
> 紫七灰八白对九，
> 黑是零位记心间。

阻值：$10 \times 10^2 = 1000\Omega$；误差在 ±5% 以内

最后一环：金色，表明误差在 ±5% 以内

第（4–1）环：红色，表明为 10 的 2 次方

第二环：黑色，表明为数字0

第一环：棕色，表明为数字1

色环电阻的读取

图 2-2-10 色环标注阻值读取

二、电功和电功率

（1）**电功** 电功就是电流通过导体时所做的功；电流做功的过程是电能转化为其他形式的过程。它是一段导体中电压、电流和时间的乘积，数学表达式是 $W=UIt$，单位是焦耳（J）。电功的测量一般用电能表。图 2-2-11 是家用电能表，也称电度表。

（2）**电功率** 电功率是表示电流做功快慢的物理量，即电流在单位时间内完成的功。数学表达式是 $P=W/t=UI$，单位是瓦特（W），简称"瓦"。比如某灯泡标示"12V10W"，表示的是该灯泡工作在 12V 电压下消耗的功率为 10W。功率常用的单位还有 kW（千瓦）、mW（毫瓦），它们的换算单位为

图 2-2-11 家用电能表

$$1kW=1000W \qquad 1W=1000mW$$

欧姆定律

三、欧姆定律

电压、电流和电阻这三者在同一电路中互相之间有什么关系呢？德国物理学家乔治·西蒙·欧姆 1826 年 4 月发表的《金属导电定律的测定》论文提出：在同一电路中，导体中的电流跟导体两端的电压成正比，跟导体的电阻阻值成

反比，这就是欧姆定律，基本公式是 $I=U/R$。其中，电流 I 的单位是安培（A），电压的单位是伏特（V），电阻的单位是欧姆（Ω）。

四、数字万用表

数字万用表为一种多用途电子测量仪器，可以用于电流、电压、电阻的测量，一般被视为万用表的基本功能。除此之外，数字万用表还可以测量更多的度量，包括：电感（单位 H）、电容（单位 F）、温度（单位 ℃ 或 ℉）、频率（单位 Hz）、占空比（%）、闭合角 DWELL（汽车数字万用表）、转速 TACH（汽车数字万用表）、hFE（晶体管放大倍数）。汽车检修中常用的数字万用表如图 2-2-12 所示，在本门课程的任务实施中所用的实训用数字万用表如图 2-2-13 所示。

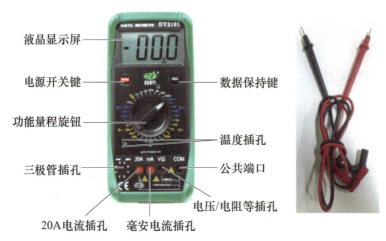

图 2-2-12　汽车数字万用表

数字万用表使用前，应认真阅读有关的使用说明书，熟悉电源开关、量程开关、插孔、特殊插口的作用。

1）按下 <POWER> 键启动万用表，检查 9V 电池，如果电池电压不足，将显示在显示器上，这时则需更换电池。

2）表笔插孔旁边的符号表示输入电压或电流不应超过指示值，这是为了保护内部线路免受损伤。

3）测试之前，功能开关应置于所需要的量程。

图 2-2-13　实训用数字万用表

数字万用表相对来说，属于比较简单的测量仪器。下面介绍数字万用表的正确使用方法。从数字万用表的电压、电阻、电流、二极管、晶体管测量等测量方法入手，让学生更好地掌握万用表测量方法。

（1）电压的测量

1）直流电压的测量。用数字万用表测量直流电压如图 2-2-14 所示。首先将黑表笔插进"COM"孔，红表笔插进"VΩ"。把旋钮选到比估计值大的量程（注意：表盘上的数值均为最大量程，"V–"表示直流电压档；"V~"表示交流电压档；"A"是电流档），接着把表笔接电源或电池两端；保持接触稳定。数值可以直接从显示屏上读取，若显示为"1."，则表明量程太小，

图 2-2-14　用数字万用表测量直流电压

那么就要加大量程后再测量。如果在数值左边出现"–"，则表明表笔极性与实际电源极性相反，此时红表笔接的是负极。

2）交流电压的测量。表笔插孔与直流电压的测量一样，不过应该将旋钮打到交流档"V~"处所需的量程即可，交流电压无正负之分，测量方法跟前面相同。无论测交流还是直流电压，都要注意人身安全，不要随便用手触摸表笔的金属部分。

（2）电流的测量

1）直流电流的测量。直流电流的测量如图 2-2-15 所示。先将黑表笔插入"COM"孔，若测量大于 200mA 的电流，则要将红表笔插入"20A"插孔并将旋钮打到直流"20A"档；若测量小于 200mA 的电流，则将红表笔插入"200mA"插孔，将旋钮打到直流 200mA 以内的合适量程。调整好后，就可以测量了。将

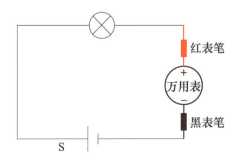

图 2-2-15　直流电流的测量

万用表串进电路中，保持稳定，即可读数。若显示为"1."，则就要加大量程；如果在数值左边出现"–"，那么表明电流从黑表笔流进万用表，如图2-2-15。

2）交流电流的测量。交流电流的测量方法与直流电流的测量方法类似，不过档位应该打到交流档位，电流测量完毕后应将红笔插回"VΩ"孔。

⚠ **注意**：若用电流档直接测电压会造成万用表彻底报废和人身伤害！

（3）电阻的测量 将表笔插进"COM"和"VΩ"孔中，把旋钮打旋到"Ω"中所需的量程，如图2-2-16所示，用表笔接在电阻两端金属部位，测量中可以用手接触电阻，但不要把手同时接触电阻两端，因为人体相当于一个大电阻，这样会影响测量精确度。读数时，要保持表笔和电阻有良好的接触；在"200"档时单位是"Ω"，在"20k"到"200k"档时单位为"kΩ"，"20M"以上的单位是"MΩ"。

图2-2-16　数字万用表测量电阻

⚠ **注意**：在测量电阻时应关闭电源！否则会影响读数或损坏万用表！

📖 **知识链接二：串并联电路**

一、串联电路

串并联电路

将灯泡甲、乙首尾依次连接在有电源、开关的电路中，如图2-2-17所示。电路只有一条路径，任何一处断开都会出现断路，可以用下列方法排除串联电路故障：用一根导线逐个跨接开关、用电器，如果电路形成通路，就说明被短接的那部分接触不良或损坏。

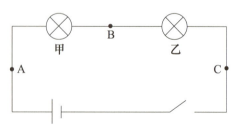

图2-2-17　串联电路

串联电路电压规律：串联电路两端的总电压等于各用电器两端电压之和，即

$$U=U_1+U_2+\cdots+U_n$$

串联电路电流规律：串联电路中的电流处处相等，即

$$I=I_1=I_2=\cdots=I_n$$

因此各个电阻的电压之比等于电阻之比，即

$$U_1：U_2：U_3=IR_1：IR_2：IR_3=R_1：R_2：R_3（分压）$$

因此各个电阻的功率之比也等于电阻之比，即

$$P_1：P_2：P_3=I_1^2R_1：I_2^2R_2：I_3^2R_3=R_1：R_2：R_3$$

串联电路的特点如下：

1）电流只有一条通路。

2）开关控制整个电路的通断。

3）各用电器之间工作状况相互影响。

二、并联电路

并联电路是指：在构成并联的电路元器件间，电流有一条以上的相互独立通路，如图 2-2-18 所示。电路可分为干路和支路，一条支路断开，另一条支路还可以形成电流的通路，所以不可以用短接法排除电路故障。

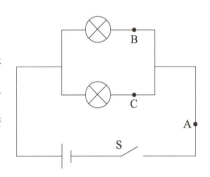

图 2-2-18　并联电路

1. 并联电路规律

1）并联电路中各支路的电压都相等，并且等于电源电压，即

$$U=U_1=U_2=\cdots=U_n$$

2）并联电路中的干路电流（或说总电流）等于各支路电流之和，即

$$I=I_1+I_2+\cdots+I_n$$

3）并联电路中的总电阻的倒数等于各支路电阻的倒数和。

$$\frac{1}{R}=\frac{1}{R_1}+\frac{1}{R_2} \text{ 或 } R=\frac{R_1R_2}{R_1+R_2}$$

若有 n 个相同电阻并联，则

$$R_{并}=\frac{R}{n}$$

4）并联电路中的各支路电流之比等于各支路电阻的反比，即

$$I_1 : I_2 = R_2 : R_1$$

5）并联电路中各支路的功率之比等于各支路电阻的正比，即

$$P_1 : P_2 = R_2 : R_1$$

2. 并联电路的特点

1）电路有若干条通路。

2）干路开关控制所有的用电器，支路开关控制所在支路的用电器。

3）各用电器相互无影响。

三、混联电路

混联电路是由串联电路和并联电路组合在一起的特殊电路，如图2-2-19所示。混联电路的主要特征就是串联分压，并联分流。

1）混联电路的计算，在串联部分中遵守以下规律：

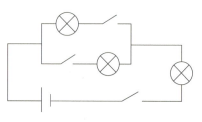

图2-2-19　混联电路

①电流：$I = I_1 = I_2 = I_3 = \cdots = I_n$。

②电压：$U = U_1 + U_2 + U_3 + \cdots + U_n$。

③电阻：$R = R_1 + R_2 + R_3 + \cdots + R_n$。

2）在并联部分中遵守以下规律：

①电流：$I = I_1 + I_2 + I_3 + \cdots + I_n$。

②电压：$U = U_1 = U_2 = U_3 = \cdots = U_n$。

③电阻：$\dfrac{1}{R} = \dfrac{1}{R_1} + \dfrac{1}{R_2} + \cdots + \dfrac{1}{R_n}$。

在分析混联电路时，应从内分析到外、从小分析到大。

课后习题

一、单选题

1. 两个电阻值完全相等的电阻，若并联后的总电阻是10Ω，则将它们串联的总电阻是（　　　）。

　　A. 5Ω　　　　　　　B. 10Ω　　　　　　　C. 20Ω　　　　　　　D. 40Ω

2. 一条导线的电阻是 R，把它对折分成等长的两段后，再把这两段并联起来使用，这时电阻是（　　　）。

    A. $\dfrac{R}{4}$ B. $\dfrac{R}{2}$ C. $2R$ D. $\dfrac{R}{3}$

3. 有 4 个电阻，电阻值都是 R，把它们并联起来，总电阻是（　　　）。

    A. $4R$ B. $\dfrac{R}{4}$ C. $\dfrac{4}{R}$ D. $2R$

4. "220V、100W" 的灯泡与 "220V、40W" 的灯泡串联后，接在电压为 220V 的电源上时，则（　　　）

    A. 40W 的灯泡比较亮   B. 100W 的灯泡比较亮

    C. 两个灯泡同样亮   D. 两个灯泡同样暗

5. 一个 "220V、40W" 的灯泡，其灯丝的电阻为（　　　）Ω。

    A. 5.5   B. 100   C. 880   D. 1210

6. 混联电路是指（　　　）。

    A. 串联电路   B. 并联电路

    C. 既有串联又有并联的电路   D. 其他

7. 已知在图 2-2-20 串联电路中：$R_2=R_4$，$U_{AD}=120V$，$U_{CE}=80V$，则 A、B 间电压 $U_{AB}=$（　　　）。

    A. 20V   B. 200V   C. 160V   D. 120V

8. 电路如图 2-2-21 所示，$R_1=R_2=R_3=100\,\Omega$，则 a、b 间的总电阻为（　　　）。

    A. $100\,\Omega$ B. $150\,\Omega$ C. $200\,\Omega$ D. $300\,\Omega$

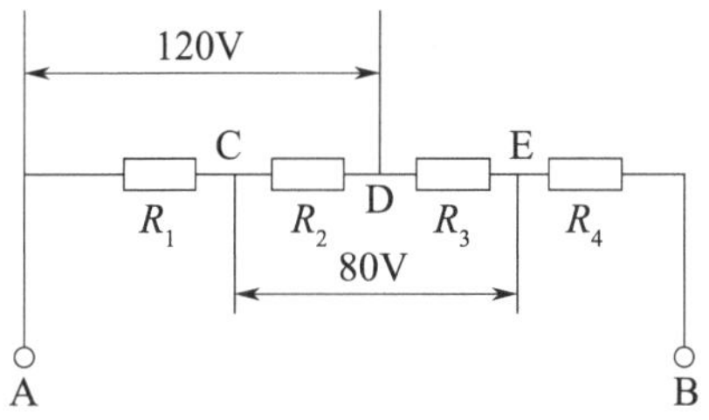

图 2-2-20　串联电路 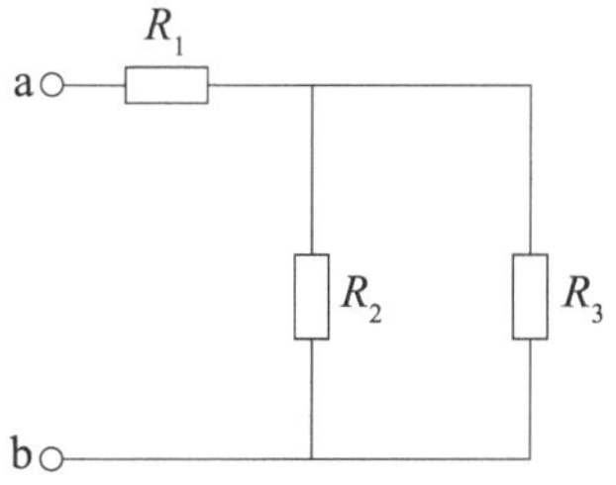　　　　图 2-2-21　混联电路

9. 串联电路的特点是（　　　）

    A. 电压处处相等   B. 电流处处相等

    C. 电阻处处相等   D. 没有特点

10. 并联电路的特点是（　　　）

　　A. 各支路电压处处相等　　　　　B. 电流处处相等

　　C. 电阻处处相等　　　　　　　　D. 没有特点

二、判断题

1. 万用表能测量电流、电压、电阻，不能测量功率。（　　　）

2. 电流具有热效应、磁效应和化学效应。（　　　）

3. 某四色环电阻的色环为：红、黑、橙、金，则该电阻的阻值为
　10kΩ。（　　　）

4. 电路中的电阻与电流成反比，与电压成正比。（　　　）

5. 电阻值的大小与电阻本身的材料、电阻的长度、横截面积有
　关系。（　　　）

6. 并联电路有若干条通路。（　　　）

7. 串联电路的电压处处相等。（　　　）

8. 并联电路各用电器之间相互影响。（　　　）

9. 不管是串联、并联还是混联电路，电路中的总功率等于各用电
　器的功率之和。（　　　）

10. 串联电路电流只有一条通路。（　　　）

学习任务三　交流电路分析

📖 学习情境概述

　　正弦交流电是最常见的交流电。它产生比较简单，规律性强，世界工业广泛采用这种交流电。在汽车中，汽车发电机产生的是三相交流电，本次学习任务通过学习三相交流电的波形特性，完成示波器的使用、正弦交流电波形的检测。

✈ 学习目标

知识目标：

1. 能说出正弦交流电的特点。

2. 能阐述正弦交流电的相关参数。

3. 能说出数字示波器的工作原理。

技能目标：

1. 能识别波形的电压、周期和频率。

2. 能正确使用数字示波器读取波形。

素养目标：

1. 规范实训 7S 管理。

2. 培养自主学习、团队合作能力。

3. 崇尚劳动，形成敢创新、敢挑战、爱岗敬业的职业精神。

📖 知识链接

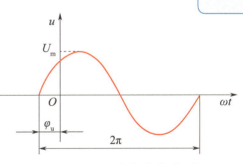

三相交流电

一、正弦交流电

所谓正弦交流电，是指大小和方向都随时间按正弦规律做周期性变化的电流、电压或电动势，简称交流电，波形如图 2-3-1 所示。其数学表达式如下：

$$u = U_\mathrm{m} \sin(\omega t + \varphi_u)$$

$$i = I_\mathrm{m} \sin(\omega t + \varphi_i)$$

$$e = E_\mathrm{m} \sin(\omega t + \varphi_e)$$

图 2-3-1　正弦交流电波形图

二、正弦交流电三要素

1. 幅值

在数学表达式中，I_m、U_m、E_m 分别叫作正弦电流、电压、电动势的幅值（也叫作峰值或最大值），反映了正弦量振荡的幅度。

有效值指与交流电热效应相同的直流电数值，热效应相同的直流电流 I 称为交流电流 i 的有效值，有效值可以确切反映交流电的做功能力。有效值用大写字母 I、U 表示。最大值与有效值之间有以下关系：

$$U = \frac{U_\mathrm{m}}{\sqrt{2}} = 0.707 U_\mathrm{m}$$

$$I = \frac{I_m}{\sqrt{2}} = 0.707 I_m$$

我们实际上用电表测量交流电的数值约等于有效值。

2. 周期、频率、角频率

1）周期：正弦交流电完成一次循环变化所用的时间，用字母 T 表示，单位为秒（s）。

2）频率：正弦量在单位时间内做周期性循环变化的次数，用字母 f 表示，单位为赫兹（Hz）。

3）角频率：表示单位时间内正弦量变化的弧度数，用字母 ω 表示，单位为弧度 / 秒（rad/s）。

频率与周期的关系：

$$f = \frac{1}{T}$$

角频率与周期及频率的关系：

$$\omega = \frac{2\pi}{T} = 2\pi f$$

3. 正弦交流电的相位、初相位和相位差

1）相位：正弦量解析式中随时间变化的电角度（$\omega t + \varphi$）。

2）初相位：$t=0$ 时的相位 φ，确定了正弦量计时开始的位置。

3）相位差：两个同频率正弦量之间的相位之差。上式中 u、i 的相位差为

$$\varphi = (\omega t + \varphi_u) - (\omega t + \varphi_i) = \varphi_u - \varphi_i$$

三、三相交流电

三相交流电是由三个频率相同、电势振幅相等、相位差互差 120° 的交流电路组成的电力系统。目前，我国生产、配送的都是三相交流电，汽车发电机产生的也是三相交流电。

三相正弦交流电一般由三相交流发电机产生，发电机原理如图 2-3-2a 所示。发电机主要由定子和转子两部分构成。定子包括机座、定子铁心、电枢绕组等几部分。定子铁心固定在机座里，其内圆表面冲有均匀分布的槽。定子槽内对称嵌放着参数相同的三组绕组，每组 N 匝（图中以一匝示意）称为一相，

于是有三相对称绕组，每相的始末端分别用 U_1、U_2，V_1、V_2，W_1、W_2 标示。图 2-3-2b 是一相绕组结构示意图。图 2-3-2c 为每相绕组电路模型。各相绕组的始端 U_1、V_1、W_1（末端 U_2、V_2、W_2）彼此间隔 120°。这样三相绕组的法线方向也互成 120°，方向（绕组的法线与输出电流正方向成右螺旋关系）如图 2-3-2a 所示。发电机转子铁心上绕有励磁绕组或是永磁铁（励磁就是向发电机转子提供转子电源的装置），可产生磁通，这就形成一个可转动的磁极 S-N，其磁通经定子铁心闭合。转子由原动机驱动，按顺时针方向以 ω 速度匀速旋转。可产生相位相差 120° 的交流电压，如图 2-3-3 所示。

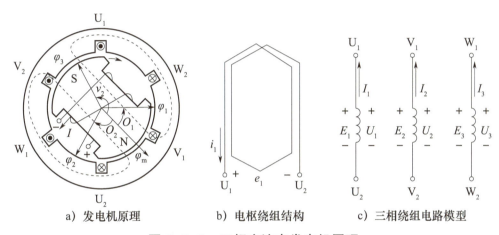

a）发电机原理　　b）电枢绕组结构　　c）三相绕组电路模型

图 2-3-2　三相交流电发电机原理

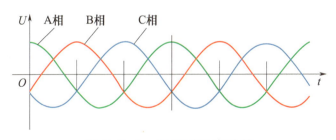

图 2-3-3　三相对称电动势

四、常见的波形

除了正弦交流电外，还有几种常见的波形，如图 2-3-4 所示。

五、示波器

示波器是一种用途十分广泛的电子测量仪器。它能把肉眼看不见的电信号转换成看得见的图像，便于人们研究各种电现象的变化过程。利用示波器能观

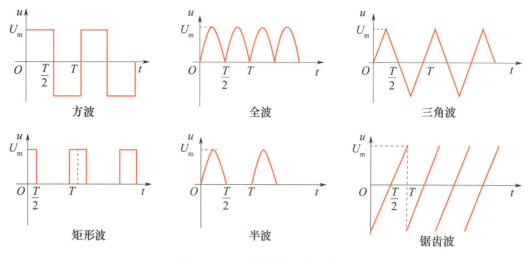

图 2-3-4 其他常见的波形

察各种不同信号幅度随时间变化的波形曲线，可以用它测试各种不同的电量，如电压、电流、频率、相位差、调幅度等（图 2-3-5）。

我们实训用的实训板配套一个三通道小型示波器，如图 2-3-6 所示，能用于观察较低电压（200Vpp）和较低频率（200kHz）的信号，三通道相互独立。内置 1200mA·h 锂电池，充满电情况下，可使用 5h。

图 2-3-5 汽车诊断专用示波器

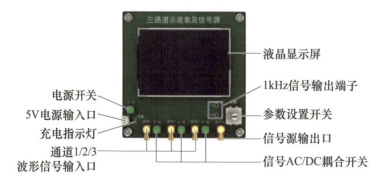

图 2-3-6 实训板三通道示波器

六、实训板三通道示波器使用说明

实训板三通道示波器使用说明如下。

电源开关： 按下状态为开机，弹起状态为关机。

5V 电源输入口：用于给示波器充电，连接一条随机附带的充电线到计算机 USB 口或者 5V 电源适配器，即可对示波器充电，在充电状态，充电指示灯亮，充饱时，充电指示灯熄灭，完全充电只需 4h。

波形信号输入口：使用随机附带的专用信号线插入到波形输入接口，信号线另一端连接到被测信号的电路板。

信号 AC/DC 耦合开关：每路波形信号输入接口旁边有一个小开关用于切换交流 / 直流耦合方式。小开关弹起为交流耦合方式，按下为直流耦合方式。

信号源输出接口：示波器内置一个函数型信号发生器，可通过此接口输出信号。该信号输出与本机的三通道信号输入接口是共地的，可连接到本机信号输入接口测量自身产生的波形信号。

1kHz 信号输出端子：本机产生的标准 1kHz 方波和三角波，提供自身波形测量功能。

参数调节开关：开机默认为未选中状态，未选中状态时，左右旋转移动光标到需要调节的菜单项。当光标到达所需调节的菜单项时，按下旋钮进入该菜单项的选中状态，在选中状态下，左右旋转旋钮可调节该参数设定值。当设定完成后，再次按下旋钮退出选中状态，此后可进行其他菜单项参数调节。

示波器界面：波形窗口红色曲线是通道 1 的波形；蓝色曲线是通道 2 的波形；波形窗口紫色曲线是通道 3 的波形。示波器界面详细信息介绍参见实训板三通道示波器使用说明书。

七、波形测量步骤

1. 根据信号电压的高低，调节垂直灵敏度到合适的档位。若不知信号电压，可先设置较大电压档位。

2. 可设置为自动触发，此时示波器可以持续产生扫描线。若使用普通触发，可能因波形达不到触发条件，无法产生扫描线。

3. 扫描速度可调节到被测信号周期的 1/5，例如被测信号是 1kHz，则扫描速度调到 200μs/ 格时，被测信号一个周期将占用 5 个小方格。注意：当扫描速度很慢时，扫描线呈现需要很长时间，以至于屏幕上需要很久才能出现扫描线，遇到此情况，将扫描速度适当加快即可。

4. 连接信号探头红、黑表笔到被测信号。

5. 根据波形显示情况，调节垂直灵敏度及扫描速度、触发电平、触发模式、垂直位移等参数，使波形稳定显示。

课后习题

一、单选题

1. 正弦量的三要素是（　　　　）。
  A. 振幅、频率和初相位
  B. 电阻、感抗和容抗
  C. 电压、电流和功率
  D. 以上都不是

2. 正弦交流电的幅值是 $4\sqrt{2}$，它的有效值是（　　　　）。
  A. 8   B. 4   C. 6   D. 2

3. 汽车发电机产生的是（　　　　）。
  A. 三相交流电   B. 单相交流电   C. 直流电

4. 示波器不能测量的物理量是（　　　　）。
  A. 幅值   B. 功率   C. 电压   D. 频率

二、判断题

1. 正弦交流电是大小和方向都随时间做周期性变化的交流电。　　　　（　　　）

2. 示波器是一台能检测电路波形的仪器。　　　　（　　　）

3. 三相交流电每一相电源相位差是 60°。　　　　（　　　）

4. 频率和周期存在着倒数倍的关系。　　　　（　　　）

学习任务四　直流稳压电源电路

📖 学习情境概述

汽车发电机产生三相交流电，通过直流稳压电源电路转换成直流电提供给汽车电器使用，同时给蓄电池进行充电。直流稳压电源是把交流电转换为直流电的装置，其中包括了整流电路、滤波电路和稳压电路。本次任务通过学习直流稳压电源电路，完成整流、滤波、稳压电路的检测。

◢ 学习目标

知识目标：

1. 能讲述整流电路的组成与工作原理。

2. 能讲述滤波电路的组成与工作原理。

3. 能讲述稳压电路的组成与工作原理。

技能目标：

1. 能检测并分析整流电路的波形。

2. 能检测电容器的充放电特性。

3. 能检测并分析稳压电路的特性。

素养目标：

1. 规范实训 7S 管理。

2. 培养自主学习、团队合作能力。

3. 崇尚劳动，形成敢创新、敢挑战、爱岗敬业的职业精神。

📖 知识链接一：整流电路

一、导体、半导体和绝缘体

自然界物质根据其导电能力，可分为导体、半导体和绝缘体。导电能力强的物质称为导体，如金属导体、人体、盐水溶液等，如图 2-4-1 所示。

a）金属导体　　　　　b）人体　　　　　c）盐水溶液

图 2-4-1　导体

导电能力弱，几乎不导电的物质称为绝缘体，如橡皮、陶瓷、塑料和石英等，如图 2-4-2 所示。

导电能力介于导体和绝缘体之间的物质称为半导体，如锗、硅、砷化镓等。杂质半导体可分为 P 型半导体和 N 型半导体。用特殊工艺把 P 型半导体和 N 型

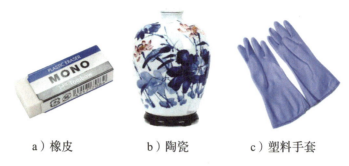

a）橡皮　　　　　b）陶瓷　　　　　c）塑料手套

图 2-4-2　绝缘体

半导体结合起来，在其交界面形成一个特殊的薄层，称为 PN 结。

二、二极管

1. 二极管的结构和符号

认识二极管

二极管的核心部分是一个 PN 结，PN 结两端各引出一个端子，分别为二极管的正极和负极，也称阳极和阴极，结构如图 2-4-3 所示。二极管封装有不同类型，常见二极管实物封装，如图 2-4-4 所示。

图 2-4-3　二极管结构示意图

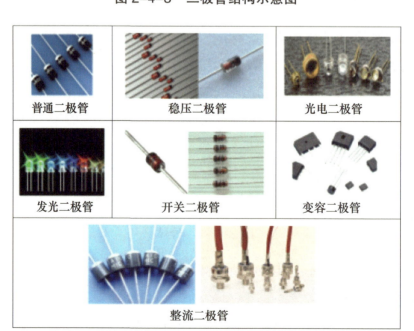

图 2-4-4　二极管实物图

二极管根据其用途的不同，在图形符号上略有差异，常见的二极管图形符号如图 2-4-5 所示。

普通二极管　稳压二极管　发光二极管　光电二极管　变容二极管

图 2-4-5　二极管的图形符号

2. 二极管的单向导电性

二极管的单向导电特性也可描述为：正向导通，反向截止。其中，正向：二极管阳极接高电位，阴极接低电位；反之为反向。

在二极管两端加上正向电压[⊖]时，二极管导通，灯泡亮；加上反向电压[⊖]时，二极管截止，灯泡灭，这是单向导电性实验，如图 2-4-6 所示。

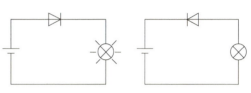

图 2-4-6　二极管单向导电性实验

3. 二极管的伏安特性

正向特性： 硅二极管典型伏安特性曲线如图 2-4-7 所示。在二极管加有正向电压，当电压值较小时，电流极小；当电压超过 0.6V 时，电流开始按指数规律增大，通常称此为二极管的开启电压；当电压达到约 0.7V 时，二极管处于完全导通状态，通常称此电压为二极管的导通电压，用符号 U_D 表示。对于锗二极管，开启电压为 0.2V，导通电压 U_D 约为 0.3V。

二极管的管压降： 硅二极管（不发光类型）正向管压降 0.7V；锗管正向管压降为 0.3V；发光二极管正向管压降随不同发光颜色而不同。

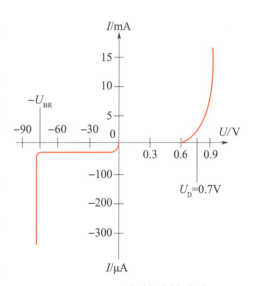

图 2-4-7　二极管特性曲线

⊖　正向电压：将电源正极与二极管阳极相连；电源负极与二极管阴极相连。

⊜　反向电压：将电源正极与二极管阴极相连；电源负极与二极管阳极相连。

从曲线图上可以看出二极管的电压与电流不是线性关系，所以在将不同的二极管并联的时候要接相适应的电阻，防止电压钳位。

反向特性：在二极管加有反向电压，当电压值较小时，电流极小，此时二极管处于反向截止状态，其电流值为反向饱和电流 I_s，反向饱和电流几乎为零。当反向电压超过某个值时，电流开始急剧增大，称为反向击穿，称此电压为二极管的反向击穿电压，用符号 U_{BR} 表示。不同型号的二极管的击穿电压 U_{BR} 值差别很大，从几十伏到几千伏。

三、二极管在电路中的作用

1. 整流

利用二极管单向导电性，可以把方向交替变化的交流电变换成单一方向的脉冲直流电。

2. 开关

二极管在正向电压作用下电阻很小，处于导通状态，相当于一只接通的开关；在反向电压作用下，电阻很大，处于截止状态，如同一只断开的开关。利用二极管的开关特性，可以组成各种逻辑电路。

3. 续流

二极管在开关电源的电感中和继电器等感性负载中起续流作用。

4. 稳压

稳压二极管实质上是一个面结型硅二极管。稳压二极管工作在反向击穿状态。在二极管的制造工艺上，使它有低压击穿特性。稳压二极管的反向击穿电压恒定，在稳压电路中串入限流电阻，使稳压二极管击穿后电流不超过允许值，因此击穿状态可以长期持续并不会损坏。

5. 触发

触发二极管又称双向触发二极管（DIAC），属三层结构，具有对称性的二端半导体器件。它常用来触发双向可控硅，在电路中做过电压保护等用途。

认识整流
电路

四、半波整流电路

1. 电路

半波整流电路如图 2-4-8 所示，图中各元件作用：VD 为整流二极管，把交流电变成脉动直流电；T 为电源变压器，把 u_1 变成整流电路所需的电压值 u_2。

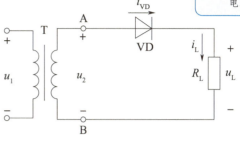

图 2-4-8 二极管半波整流电路

2. 工作原理

设 U_2 为正弦波，波形如图 2-4-9 所示。

1）U_2 正半周时，A 点电位高于 B 点电位，二极管 VD 正偏导通，则 $U_L \approx U_2$；

2）U_2 负半周时，A 点电位低于 B 点电位，二极管 VD 反偏截止，则 $U_L \approx 0$。

由波形可见，U_2 一周期内，负载只用单方向的半个波形，这种大小波动、方向不变的电压或电流称为脉动直流电。上述过程说明，利用二极管单向导电性可把交流电 U_2 变成脉动直流电 U_L。由于电路仅利用 U_2 的半个波形，故称为半波整流电路。

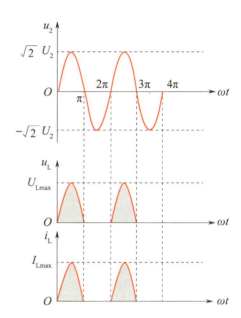

图 2-4-9 二极管半波整流波形

3. 负载和整流二极管上的电压和电流

1）负载电压 U_L：

$$U_L = 0.45U_2$$

2）负载电流 I_L：

$$I_L = \frac{U_L}{R_L} = \frac{0.45U_2}{R_L}$$

3）二极管正向电流 I_{VD} 和负载电流 I_L：

$$I_{VD} = I_L = \frac{0.45U_2}{R_L}$$

4）二极管反向峰值电压 U_{RM}：

$$U_{RM} = \sqrt{2}U_2 \approx 1.41U_2$$

五、单相桥式整流电路

1. 电路

单相桥式整流电路如图 2-4-10 所示。

2. 工作原理

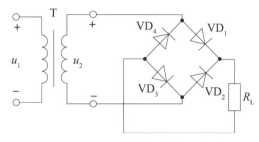

图 2-4-10　单相桥式整流电路

1）u_2 正半周时，如图 2-4-11a 所示，A 点电位高于 B 点电位，则 VD_1、VD_3 导通（VD_2、VD_4 截止），i_1 自上而下流过负载 R_L。

2）u_2 负半周时，如图 2-4-11b 所示，A 点电位低于 B 点电位，则 VD_2、VD_4 导通（VD_1、VD_3 截止），i_2 自上而下流过负载 R_L。叠加形成了 i_L。于是负载得到全波脉动直流电压 u_L。

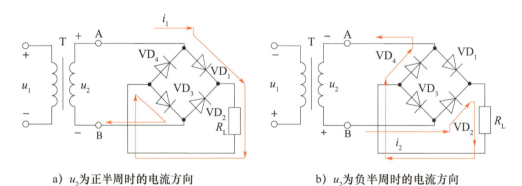

a）u_2 为正半周时的电流方向　　　　　b）u_2 为负半周时的电流方向

图 2-4-11　单相桥式整流电路工作原理

由波形图 2-4-12 可见，u_2 一周期内，两组整流二极管轮流导通产生的单方向电流 i_1 和 i_2。

3. 电路参数

1）负载电压 U_L：

$$U_L = 0.9U_2$$

2）负载电流 I_L：

$$I_L = \frac{U_L}{R_L} = \frac{0.9U_2}{R_L}$$

3）二极管的平均电流 I_{VD}：

$$I_{VD} = \frac{1}{2} I_L$$

4）二极管承受反向峰值电压 U_{RM}：

$$U_{RM} = \sqrt{2} U_2$$

六、三相桥式整流电路

交流发电机定子的三相绕组中，感应产生的是交流电，是通过 6 只二极管组成的三相桥式整流电路整流为直流电的。整流电路如图 2-4-13a 所示，3 个正二极管的正极引出线分别同三相绕组首端相连，在某一瞬间，只有与电位最高的一相绕组相连的正二极管导通。同样，3 个负二极管的引出线也同三相绕组的首端相连，在同一瞬间，只有与电位最低的一相绕组相连的负二极管导通，这样反复循环，6 只二极管轮流导通，在负载两端便得到一个较平稳的脉动的直流电压，波形如图 2-4-13b 所示。

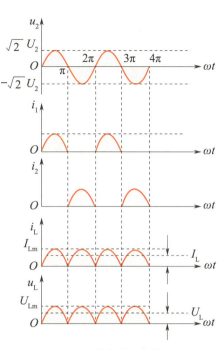

图 2-4-12　单相桥式整流波形

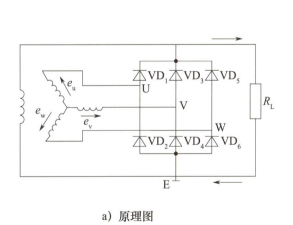

a）原理图

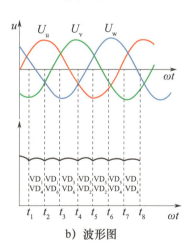

b）波形图

图 2-4-13　三相桥式整流电路原理与波形

在发电机空载运行时，如将三相绕组和二极管内阻的电压降忽略不计，发电机的直流电动势数值为三相交流电线电压的 1.35 倍，是三相交流电相电压的 2.34 倍。每一个硅二极管在一个周期内只导通 1/3 的时间，流过每个二极管的电流为负载电流的 1/3。

有些交流发电机将三相绕组中性点引出，标记为"N"接线柱，它和发电机外壳之间的电压称为中性点电压，它是通过 2 个中性点二极管整流后得到的直流电压，等于发电机直流输出电压的一半。中性点电压一般用来控制各种用途的继电器，如磁场继电器、充电指示继电器等。

📖 知识链接二：滤波电路

一、电容器

电容器是两个金属电极中间夹一层绝缘材料（介质）构成的元件，是一种储存电能的元件。电容（或称电容量）是表征电容器容纳电荷本领的物理量。我们把电容器的两极板间的电势差增加 1V 所需的电量，叫作电容器的电容。电容的定义式为

$$C=Q/U$$

电容器从物理学上讲，是一种静态电荷存储介质（就像一只水桶一样，可以把水装进去，也可以把水放出来）。电容器的图形符号如图 2-4-14 所示。电容用字母 C 表示。在国际单位制中，电容的单位是法拉，简称法，符号是 F，常用的电容单位有毫法（mF）、微法（μF）、纳法（nF）和皮法（pF）等，换算关系是：

$$1F= 1000mF=1000000\mu F \qquad 1\mu F= 1000nF=1000000pF$$

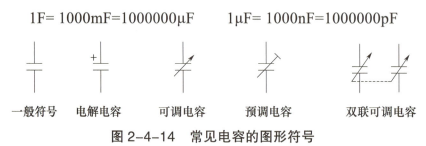

一般符号　　电解电容　　可调电容　　预调电容　　双联可调电容

图 2-4-14　常见电容的图形符号

二、电容器的充放电特性

如图 2-4-15 所示，当开关在 a 位置时，外部电源接入电容器，电荷由电源转移到电容器，电容器极板间建立起电压，积蓄起电能，这个过程称为电容器的充电，充好电的电容器两端有一定的电压；当开关在 b 位置时，电容器储存的电荷向电路释放的过程，称为电容器的放电，放电和充电是逆过程。

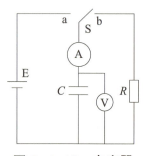

图 2-4-15　电容器充放电电路原理

三、电容器在电路中的作用

在电子电路中，电容器用来通过交流而阻隔直流，那么交流电为什么能够通过电容器呢？我们先来看看交流电的特点，交流电不仅方向往复交变，它的大小也在按规律变化。电容器接在交流电源上，连续地充电、放电，电路中就会流过与交流电变化规律一致（相位不同）的充电电流和放电电流。小容量的电容器通常在高频电路中使用，如收音机、发射机和振荡器中。大容量的电容器往往是作为滤波和存储电荷，而且还有一个特点，一般 $1\mu F$ 以上的电容均为电解电容，而 $1\mu F$ 以下的电容多为瓷片电容，当然也有其他类型，如独石电容、涤纶电容、小容量的云母电容等。电解电容有个铝壳，里面充满了电解质，并引出两个电极，作为正（+）、负（−）极，与其他电容器不同，它们在电路中的极性不能接错，而其他电容则没有极性。图 2-4-16 所示为几种常见的电容器。

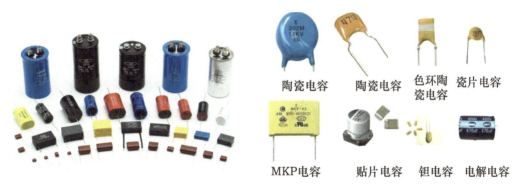

陶瓷电容　陶瓷电容　色环陶瓷电容　瓷片电容

MKP电容　贴片电容　钽电容　电解电容

图 2-4-16　几种常见的电容器

四、电感元件

当绕组通过电流后，在绕组中形成磁场感应，感应磁场又会产生感应电流来抵制通过绕组中的电流。我们把这种电流与绕组的相互作用关系称为电的感抗，也就是电感，单位是亨利（H），利用此性质制成的元件称为电感元件。

电感器是用漆包线、纱包线或塑皮线等在绝缘骨架或磁心、铁心上绕制成的一组串联的同轴线匝，它在电路中用字母"L"表示，图 2-4-17 是其图形符号，图 2-4-18 是实物图。

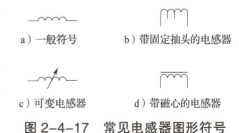

a）一般符号　　　b）带固定抽头的电感器

c）可变电感器　　d）带磁心的电感器

图 2-4-17　常见电感器图形符号

图 2-4-18　常见电感器实物图

五、电感器有何作用

电感器的主要作用是对交流信号进行隔离、滤波或与电容器、电阻器等组成谐振电路。

我们知道，电生磁、磁生电，两者相辅相成，总是随同发生。当一根导线中拥有恒定电流流过时，总会在导线四周激起恒定的磁场。当我们把这根导线都弯曲成为螺旋线圈时，应用中学学过的电磁感应定律，就能断定，螺旋线圈中发生了磁场。假如将这个螺旋线圈放在某个电流回路中，当这个回路中的直流电变化时，电感中的磁场也应该会发生变化，变化的磁场会带来变化的"新电流"，由电磁感应定律，这个"新电流"一定和原来的直流电方向相反，从而在短时刻内关于直流电的变化构成一定的抵抗力。只是，一旦变化完成，电流稳固上去，磁场也不再变化，便不再有任何障碍发生。

六、滤波电路

交流电经过整流之后，输出的是脉动直流电，是有波纹的，如图 2-4-19 所示。如果直流电路负载对电源波纹平滑度有要求的话，那就必须加上滤波电路。滤波电路常用于稳定整流电压，滤去电压中的纹波，一般由电抗元件组成，如在负载电阻两端并联电容器，或与负载串联电感器，以及由电容、电感组合而成的各种复式滤波电路。

电容、电感常作为滤波元件，用于滤去整流输出电压中的纹波。图 2-4-20 为常见滤波电路。

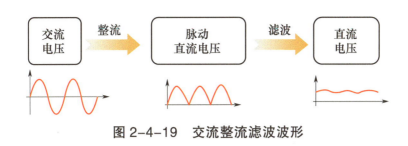

图 2-4-19　交流整流滤波波形

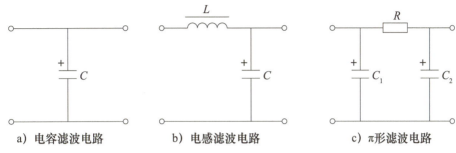

a）电容滤波电路　　　　b）电感滤波电路　　　　c）π形滤波电路

图 2-4-20　常见滤波电路

知识链接三：稳压电路

一、汽车发电机的稳压调节电路

由于发电机与发动机的传动比是固定的，所以发电机的转速将随发动机转速的变化而变化。汽车在运行过程中，发动机转速变化范围很大，发电机的端电压也将随发动机的转速变化而在很大范围内变化。

若是发电机电压过高，会烧坏用电设备和导致蓄电池过量充电；若是发电机电压过低，则导致用电设备由于工作电压偏低而工作不正常和蓄电池充电不足。所以为使电压始终保持在某一数值基本不变，就必须对发电机的输出电压进行稳压调节。

发电机的电压调节电路作用是使发电机输出电压在汽车运行过程中始终能保持在某一数值不变。如果没有电压调节电路或电压调节电路出现故障，将导致用电设备烧坏或工作失常。因此，须了解电压调节电路结构，学习搭接发电机稳压调节电路。

汽车发电机发出的三相交流电，是通过 9 个二极管组成的整流器进行整流。汽车发电机的主输出端与蓄电池正极是并联关系，共同为负载提供电压，汽车发电机稳压原理图如图 2-4-21 所示。

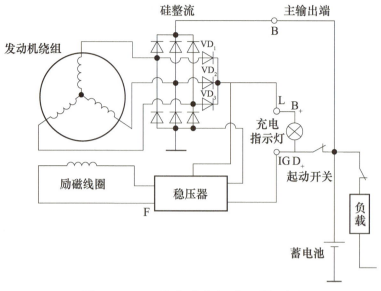

图 2-4-21 汽车发电机稳压原理图

认识稳压
二极管

二、稳压二极管

1. 稳压二极管特性

稳压二极管的基本结构是 PN 结，所以与普通二极管具有相似的特性，但是它也有自己的特性，主要说明如下几点。

1）加到稳压二极管上的电压达到 U_z 时，稳压二极管击穿，两引脚之间的电压大小基本不变，利用这一特性可以进行稳压。

2）U_z 大小受温度变化影响。

3）稳压二极管的 PN 结加上正向偏置电压时，它也可以作为一个普通二极管使用。但由于稳压二极管成本较高，因此电路中不会将稳压二极管作为普通二极管运用。

2. 稳压二极管典型直流稳压电路工作原理分析

稳压二极管主要用来构成直流稳压电路。这种直流稳压电路结构简单，稳压性能一般，常用于稳压要求不高的场所。图 2-4-22 所示是稳压二极管构成的典型直流稳压电路，电路中的 VS 是稳压二极管，R 是 VS 的限流保护电阻。

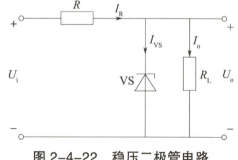

图 2-4-22 稳压二极管电路

未经稳定的直流工作电压 U_i 通过 R 加到稳压二极管上，由于 U_i 远大于 VS 稳压值，因此 VS 进入工作状态，即反向击穿，其两端得到稳定的直流电压，作为稳压电路的输出电压。

当直流工作电压大小波动时，流过 R 和 VS 的电流随之大小相应波动，由于稳压二极管 VS 的稳压值不变，这样直流电压 U_i 大小波动的电压降表现在电阻 R_L 上。

三、三端稳压器

三端稳压器是一种集成电路，内部采用的是串联稳压电路形式，主要有两种：一种输出电压是固定的，称为固定输出三端稳压器；另一种输出电压是可调的，称为可调输出三端稳压器。在线性集成稳压器中，由于三端稳压器只有 3 个引出端子，具有外接元件少、使用方便、性能稳定、价格低廉等优点，因而得到广泛应用。

认识三端集成稳压器

（1）**固定三端稳压器的类别**　三端稳压器的通用产品有 78 系列（正电源）和 79 系列（负电源），输出电压由具体型号中的后面两个数字代表，有 5V、6V、8V、9V、12V、15V、18V、24V 等档次。输出电流以 78（或 79）后面加字母来区分，L 表示 0.1，AM 表示 0.5A，无字母表示 1.5A，如 78L05 表示 5V、0.1A。三端稳压器外形如图 2-4-23 所示。三端稳压应用电路如图 2-4-24、图 2-4-25 所示。

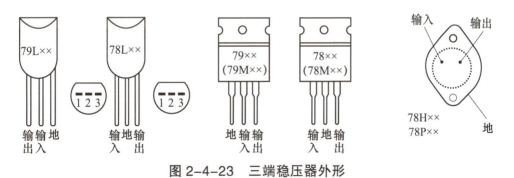

图 2-4-23　三端稳压器外形

（2）**三端稳压器使用须知**　要注意 U_i 和 U_o 之间的关系，以 7805 为例，该三端稳压器的固定输出电压是 5V，而输入电压至少大于 7V，这样输入/输出之间有 2~3V 及以上的电压差，使调整管保证工作在放大区。但电压差取得大时，又会增加集成块的功耗，所以，两者应兼顾，既保证在最大负载电流时调整管

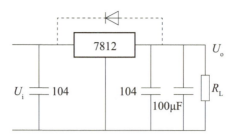

图 2-4-24　典型应用电路

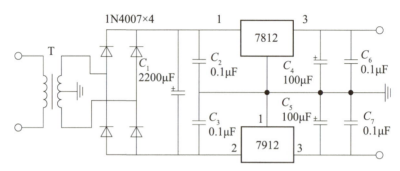

图 2-4-25　双电源电路

不进入饱和，又不至于功耗偏大。另外一般在三端稳压器的输入/输出端接一个二极管，用来防止输入端短路时，输出端存储的电荷通过稳压器而损坏器件。一般稳压管和三端稳压器的用途是一样的，都用于控制板电路的稳压，以防止电压过高烧毁电路。

课后习题

一、判断题

1. 二极管具有单向导电性，正向导通反向截止。　　　　　　　　　（　　）

2. 利用二极管的单向导电性，可以把交流电变为稳定的直流电。　　（　　）

3. 单相半波整流电路整流后在负载上能得到完整的一个周期的电压波形。　　　　　　　　　　　　　　　　　　　　　　　　　　（　　）

4. 单相桥式整流电路需要用到 4 个整流二极管。　　　　　　　　　（　　）

5. 桥式整流电路整流后在负载上能得到完整的一个周期的电压波形。　　　　　　　　　　　　　　　　　　　　　　　　　　　　（　　）

6. 电容器简称电容，是"装电的容器"，是一种容纳电荷的元件，也是储存电场能量的装置，文字符号用字母 C 表示。　　　　　　（　　）

7. 电感器是反映实际电路中的储存磁场能量的元件，文字符号用 L 表示。　　　　　　　　　　　　　　　　　　　　　　（　　　）

8. 二极管具有单向导电性。　　　　　　　　　　　　　　（　　　）

9. 电容元件在直流电路中相当于开路。　　　　　　　　　（　　　）

10. 变压器可以改变各种电源的电压。　　　　　　　　　（　　　）

11. 升压变压器的变比大于 1。　　　　　　　　　　　　（　　　）

12. 电容元件是耗能元件。　　　　　　　　　　　　　　（　　　）

13. 当输入电压 U_1 和负载电流 I_L 变化时，稳压电路的输出电压是绝对不变的。　　　　　　　　　　　　　　　　　　（　　　）

14. 稳压二极管工作在反向击穿状态，切断外加电压后 PN 结仍处于反向击穿状态。　　　　　　　　　　　　　　　　　（　　　）

15. 稳压二极管是正向接入电路中的。　　　　　　　　　（　　　）

16. 三端集成稳压器 78 系列输出的是正电压。　　　　　（　　　）

17. 三端集成稳压器 79 系列输出的是正电压。　　　　　（　　　）

二、单选题

1. 导电能力介于导体和绝缘体之间的物质称为（　　　）。

    A. 半导体　　　　　B. 磁体　　　　　C. 超导体　　　　D. 电解质

2. 二极管的单向导电性是指（　　　）。

    A. 正向截止，反向导通　　　　　B. 正向导通，反向截止

    C. 正反向都导通　　　　　　　　D. 正反向都截止

3. 利用二极管的单向导电性进行整流，可以把交流电变成（　　　）。

    A. 正弦交流电　　　B. 平滑的直流电　C. 脉动的直流电

4. 在单相半波整流电路中，输入一个周期的正弦交流电时，在负载上能得到（　　　）个周期的电压波形输出。

    A. 1　　　　　　　B. 2　　　　　　C. 1/2　　　　D. 1/4

5. 交流发电机定子的三相绕组中，感应产生的是交流电，是通过（　　　）个二极管组成的三相桥式整流电路整流为直流电的 。

    A. 1　　　　　　　B. 2　　　　　　C. 4　　　　　D. 6

6. 电感的单位（　　　）。

    A. 安培　　　　　B. 伏特　　　　　C. 亨利　　　　D. 特斯拉

7. 整流电路后加滤波电路，目的是（　　　）。

    A. 提高输出电压　　　　　　　　　B. 降低输出电压

    C. 减小输出电压的脉动程度　　　　D. 增大输出电压的脉动程度

8. 电容和电感在电路中作为滤波电路元件时，与负载的连接情况为（　　　）。

    A. 电容串联、电感并联　　　　　　B. 电容并联、电感串联

    C. 两者都是并联　　　　　　　　　D. 以上三种方法均可

9. 电容滤波电路是在输出端（　　　）电容，利用（　　　）特点来滤波。

    A. 串联、充放电　　　　　　　　　B. 并联、充放电

    C. 串联、自感　　　　　　　　　　D. 并联、自感

10. 稳压二极管的稳压区是工作在（　　　）。

    A. 反向击穿区　　　　　　　　　　B. 反向截止区

    C. 正向导通区　　　　　　　　　　D. 正向截止区

11. 稳压二极管的正常工作区域就是它的反向击穿区，在这个区域里电流幅度变化很大，而电压变化（　　　）。

    A. 很大　　　　　　　　　　　　　B. 很小

    C. 不会变　　　　　　　　　　　　D. 保持在一个稳定电压

12. 关于三端稳压器 78L05，下列说法错误的是（　　　）。

    A. 稳压器的稳定电压是 5V

    B. 稳压器的稳压电流是 0.1A

    C. 稳压器的稳压电流是 0.5A

    D. 若是 78XX 类型稳压管要正常使用，必须要求输入电压比输出电压值至少大 2V 以上，即 $|U_1|-|U_2|\geq 2V$

学习任务五　基本放大电路

📖 学习情境概述

    汽车音响属于汽车娱乐功能重要组成部分，其中扬声器（喇叭）是通过音频放大电路来推动的。晶体管是组成音频放大电路的主要元器件。本次学习任务通过学习晶体管的基本知识，认识音频放大电路，学会分析晶体管放大电路

的原理，以及完成放大电路的搭建。

✈ 学习目标

知识目标：

1. 能画出晶体管的电气符号。

2. 能讲述晶体管的工作特性。

3. 能讲述晶体管共射放大电路的工作原理。

技能目标：

1. 能检测晶体管的管型。

2. 能判断晶体管的引脚极性。

3. 能正确搭建音频放大电路。

素养目标：

1. 规范实训 7S 管理。

2. 培养自主学习、团队合作能力。

3. 崇尚劳动，形成敢创新、敢挑战、爱岗敬业的职业精神。

认识三极管

📖 知识链接一：晶体管

一、晶体管

晶体管是一种利用输入电流控制输出电流的电流控制型器件，由两个 PN 结构成，在电路中主要作为放大和开关器件使用。它是内部含有两个 PN 结、外部具有三个电极的半导体器件。

晶体管是在一块半导体基片上制作两个相距很近的 PN 结，两个 PN 结把整块半导体分成三部分，中间部分是基区，两侧部分是发射区和集电区，排列方式有 PNP 和 NPN 两种。

二、晶体管的内部结构与符号

晶体管结构如图 2-5-1 所示。

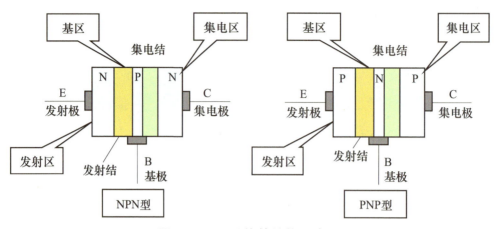

图 2-5-1　晶体管结构示意图

1. 晶体管内部结构

晶体管内部有发射区、基区和集电区；引出电极分别为发射极 e、基极 b、集电极 c。发射区与基区之间的 PN 结称为发射结，集电区与基区之间的 PN 结称为集电结。

2. 三个电区的特点

1）使发射区的掺杂浓度最高，以有效地发射载流子。

2）使基区掺杂浓度最小，且最薄，以有效地传输载流子。

3）使集电区面积最大，且掺杂浓度小于发射区，以有效地收集载流子。

3. 晶体管的电气符号

晶体管分为 NPN 型和 PNP 型，电气符号如图 2-5-2 所示。

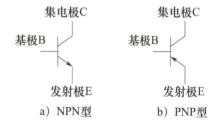

图 2-5-2　三极管的电气符号

三、晶体管放大作用

晶体管具有电流放大作用，其实质是晶体管能以基极电流微小的变化量来控制集电极电流较大的变化量。这是晶体管最基本和最重要的特性。我们将 $\Delta I_c / \Delta I_b$ 的比值称为晶体管的电流放大倍数，用符号 "β" 表示。电流放大倍数对于某一只晶体管来说是一个定值，但随着晶体管工作时基极电流的变化也会有一定的改变。晶体管还可以作电子开关，在数字电路和汽车电路中常用。

要使晶体管能够正常放大信号，发射结应加正向电压，集电结应加反向电压。如图 2-5-3 所示。电源 U_{CC} 通过偏置电阻 R_b 为发射结提供正向偏置，R_c 阻值小于 R_b 阻值，所以集电结处于反向偏置。

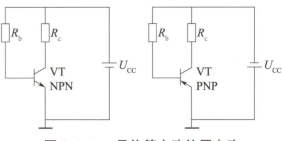

图 2-5-3　晶体管电路偏置电路

如图 2-5-4 所示，从实验中可以得出晶体管电路有如下关系：

1）晶体管电流分配关系：

$$I_E=I_C+I_B$$

2）晶体管电流放大倍数：

$$\beta = \frac{\Delta I_C}{\Delta I_B}$$

当 ΔI_B 有一微小变化，就能引起 ΔI_C 较大的变化，这种现象称为晶体管的电流放大作用。

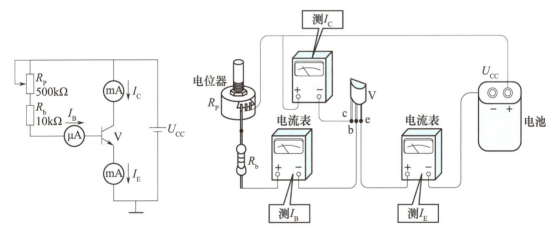

图 2-5-4　晶体管各电极电流关系的测量电路

四、晶体管的开关电路

1. 截止状态

当加在晶体管发射结的电压小于 PN 结的导通电压，基极电流为零，集电极电流和发射极电流都为零，晶体管这时失去了电流放大作用，集电极和发射极之间相当于开关的断开状态，即晶体管的截止状态。开关晶体管处于截止状态的特征是发射结、集电结均处于反向偏置。

2. 导通状态

当加在晶体管发射结的电压大于 PN 结的导通电压，并且当基极的电流增大到一定程度时，集电极电流不再随着基极电流的增大而增大，而是处于某一定值附近波动，此时晶体管失去电流放大作用，集电极和发射极之间的电压很小，集电极和发射极之间相当于开关的导通状态，即晶体管的导通状态。

晶体管处于饱和导通状态的特征是发射结、集电结均处于正向偏置。而处于放大状态的晶体管的特征是发射结处于正向偏置，集电结处于反向偏置。晶体管正是基于晶体管的开关特性来工作的。

在汽车电路中，晶体管通常用作开关。图 2-5-5 所示为晶体管开关的基本电路图。由图 2-5-5 可知，负载电阻接在晶体管的集电极与电源之间，位于晶体管 I_C 电流回路上。

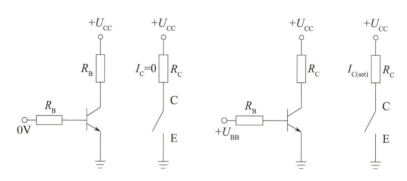

截止时相当于开关断开　　　　　饱和时相当于开关闭合

图 2-5-5　晶体管开关的基本电路图

输入电压 U_{BB} 控制晶体管开关的断开与闭合动作，当晶体管在截止状态时，C、E 极间呈断开状态时，负载电流便被阻断，反之，当晶体管在饱和状态时，C、E 极间呈闭合状态时，电流便可以流通。

五、数字万用表检测晶体管

利用数字万用表不仅能判定晶体管的电极、测量晶体管的共发射极电流放大系数 H_{FE}，还可以鉴别硅管与锗管。由于数字万用表电阻档的测试电流很小，所以不适用于检测晶体管，应使用二极管档或者 H_{FE} 进行测试，如图 2-5-6 所示。

将数字万用表拨至二极管档，红表笔任接某个引脚固定，用黑表笔依次接触另外两个引脚，如果两次显示值均小于 1V 或都显示溢出符号"OL"或"1"，若是 PNP 型晶体管，则红表笔所接的引脚就是基极 B。如果在两次测试中，一

图 2-5-6 晶体管测量端口 H_{FE} 位置

次显示值小于 1V，另外一次显示溢出符号"OL"或"1"（视不同的数字万用表而定），则表明红表笔接的引脚不是基极 B，此时应改换其他引脚重新测量，直到找出基极为止。

用红表笔接基极，用黑表笔先后接触其他两个引脚，如果显示屏上的数值都显示为 0.6~0.8V，则被测管属于硅 NPN 型中、小功率晶体管；如果显示屏上的数值都显示为 0.4~0.6V，则被测管属于硅 NPN 型大功率晶体管。其中，显示数值较大的一次，黑表笔所接的电极为发射极。在上述测量过程中，如果显示屏上的数值都显示都小于 0.4V，则被测管属于锗晶体管。

H_{FE} 是晶体管的直流电流放大系数[一]。用数字万用表可以方便地测出晶体管的 H_{FE}，将数字万用表置于 H_{FE} 档，若被测管是 NPN 型管，则将晶体管的各个引脚插入 NPN 插孔相应的插座中，此时屏幕上就会显示出被测管的 H_{FE} 值。

📖 知识链接二：放大电路

一、音频放大电路

音频指的是人类能够听得见的声音信号的频率范围（20Hz~20kHz）。音频放大系统就是对微弱声音信号进行处理放大的电子设备。一般的音频放大

〔一〕 在共发射极电路中，在一定的集电极电压 U_{CE} 下，集电极电流变化量 ΔI_C 与基极电流变化量 ΔI_B 的比值称为电流放大倍数 β。有时认为与直流电流放大系数 H_{FE}（集电极直流电流 I_C 与基极直流电流 I_B 之比）大致相同。

系统组成如图 2-5-7 所示。本次学习任务重点学习音频放大电路的基本知识。

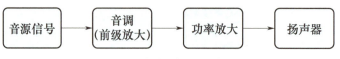

图 2-5-7　音频放大系统组成图

二、共发射极放大电路原理

常见的音频放大电路是共发射极放大电路，放大电路的核心元件晶体管工作在放大状态，即要求其发射结正偏、集电结反偏。输入回路的设置应当使输入信号耦合到晶体管的输入电极，并形成变化的基极电流 I_b，进而产生晶体管的电流控制关系，变成集电极电流 I_c 的变化，如图 2-5-8 所示。

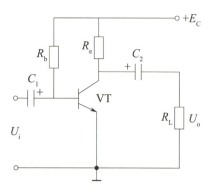

图 2-5-8　共发射极放大电路

当负载 R_L 接入时，必须保证放大管 VT 输出回路的动态电流能够作用于负载，从而使负载 R_L 获得比输入信号大得多的信号电流或信号电压 U_o。

晶体管是放大电路的核心器件。利用其基极小电流控制集电极较大电流的作用，使输入的微弱电信号通过直流电源 U_{CC} 提供能量，获得一个能量较强的输出电信号。

三、共射极放大电路各元件作用

共发射极放大电路中各元器件的作用如下。

1.晶体管（VT）

晶体管是放大电路的核心器件。利用其基极小电流控制集电极较大电流的作用，使输入的微弱电信号通过直流电源 U_{CC} 提供能量，获得一个能量较强的输出电信号。

2.集电极电源（E_c）

集电极电源在实用中通常采用单电源供电方式。在电路中，直流电源常用 U_{CC} 表示。U_{CC} 的作用有两个：一是为放大电路提供能量；二是保证晶体管的发射结正偏，集电结反偏。交流信号下的 U_{CC} 呈交流接地状态，U_{CC} 的数值一般为

几伏至几十伏。

3. 集电极电阻（R_c）

R_c 的阻值一般为几千欧至几十千欧。其作用是将集电极的电流变化转换成晶体管集、射极间的电压变化，以实现由放大电路负载上获得电压放大的目的。

4. 固定偏置电阻（R_b）

R_b 的阻值一般为几十千欧至几百千欧，主要作用是保证发射结正向偏置，并提供一定的基极电流 I_b，使放大电路获得一个合适的静态工作点。

5. 耦合电容（C_1 和 C_2）

C_1 和 C_2 在电路中的作用是"隔离直流通过交流"。电容器的容抗 X_c 与频率 f 为反比关系，因此在直流情况下，电容相当于开路，使放大电路与信号源之间可靠隔离。在电容量足够大的情况下，耦合电容对规定频率范围内的交流输入信号呈现的容抗极小，可近似视为短路，从而让交流信号无衰减地通过。

四、功率放大器

实际音频放大技术应用中，负载为扬声器，要求它能为负载提供足够大的交流功率，使之能够带动负载，通常把这种电子线路的输出级称为功率放大电路，简称"功放"。功放电路中的晶体管称为功率放大管，简称"功放管"。汽车音响主机里面广泛采用集成运算放大器（简称"运放"）作为功率放大管。

1. 按工作状态分类

（1）**甲类放大电路** 这种功放的工作原理是输出器件晶体管始终工作在传输特性曲线的线性部分，在输入信号的整个周期内输出器件始终有电流连续流动。这种功放失真小，但效率低，约为 50%，功率损耗大。

（2）**乙类放大电路** 乙类放大电路的工作原理是两只晶体管交替工作，每只晶体管在信号的半个周期内导通，另外半个周期内截止。乙类放大电路效率高，约为 78%，但缺点是容易产生交越失真（两只晶体管分别导通时发生的失真）。

（3）**甲乙类放大电路** 甲乙类放大电路兼有甲类放大电路音质好和乙类放大电路效率高的优点，被广泛应用于家庭、专业及汽车音响系统中。

2.按功能分类

（1）**前级功放** 其主要作用是对信号源传输过来的信号进行必要的处理和电压放大后，再输出到后级放大器。

（2）**后级功放** 其对前级放大器送出的信号进行不失真放大，以强劲的功率驱动扬声器系统。除放大电路外，它还设计有各种保护电路，如短路保护、过电压保护、过热保护、过电流保护等。前级功放和后级功放一般只在高档机或专业的场合采用。

（3）**合并式放大器** 将前级放大器和后级放大器合并为一台功放，兼有二者的功能，称为合并式放大器。通常所说的放大器都是合并式的，应用范围较广。

课后习题

一、单选题

1.晶体管按照结构类型可以分为（　　　）。

    A. NPN 型和 PNP 型　　　　　　　　B. NPN 型和 PGP 型

    C. NPN 型和 PBP 型　　　　　　　　D. NBN 型和 PNP 型

2.晶体管是在一块半导体基片上制作两个相距很近的（　　　）。

    A. NP 结　　　　　　B. PG 结　　　　　　C. PN 结　　　　　　D. PB 结

3.把整块半导体分成三部分，中间部分是基区，两侧部分是发射区和（　　　）。

    A. 激发区　　　　　　B. 导电区　　　　　　C. 电子区　　　　　　D. 集电区

4.晶体管的电流分配关系式为（　　　）

    A. $I_E=I_C+I_B$　　　　　　　　　　　B. $I_B=I_E+I_C$

    C. $I_C=I_E+I_B$　　　　　　　　　　　D. $\beta=\Delta I_C / \Delta I_B$

5.NPN 硅管工作在放大状态时，它的两个 PN 结必须是（　　　）。

    A. 发射结和集电结同时正偏　　　　　B. 发射结和集电结同时反偏

    C. 发射结反偏，集电结正偏　　　　　D. 发射结正偏，集电结反偏

6.放大电路的元器件包括（　　　）、电阻、负载、耦合电容、输入信号源和电源。

    A. 二极管　　　　　　　　　　　　　B. 晶体管

    C. 输出电压元器件　　　　　　　　　D. 输入电压元器件

7. 音频放大器必须有良好的（　　　）。

    A. 电流响应　　　　　　　　　　B. 电压响应

    C. 频率响应　　　　　　　　　　D. 电阻响应

8. 音频放大器信号的频率范围为（　　　）。

    A. 20Hz~20kHz　　　　　　　　B. 23Hz~26kHz

    C. 30Hz~40kHz　　　　　　　　D. 50Hz~60kHz

9. 功率放大器中，按工作状态分类，以下放大电路应用最广泛是（　　　）。

    A. 甲类放大电路　　　　　　　　B. 乙类放大电路

    C. 甲乙类放大电路　　　　　　　D. 以上都不是

10. 放大电路的核心元器件是（　　　）。

    A. 晶体管　　　　　　　　　　　B. 二极管

    C. 电容　　　　　　　　　　　　D. 电阻

二、判断题

1. 晶体管具有放大和开关的作用。　　　　　　　　　　　　　（　　　）

2. 晶体管可以用数字万用表的电压档测试好坏。　　　　　　　（　　　）

3. 晶体管有基极、集电极和发射极三个电极。　　　　　　　　（　　　）

4. 晶体管可以安装在电路中作为整流器使用。　　　　　　　　（　　　）

5. 晶体管断了一只引脚可以作为二极管使用。　　　　　　　　（　　　）

6. 音频放大器是在产生声音的输出元器件上重建输入的音频信号的设备，其重建的信号音量和功率有效且失真低。　　　　（　　　）

7. 音频放大的目的是以要求的音量和功率水平在发声输出元器件上高效率、低失真地重现音频输入信号。　　　　　　　（　　　）

8. 音频信号源信号的幅度一般很小，因此必须先将它们放大到一定幅度。　　　　　　　　　　　　　　　　　　　　　（　　　）

9. 音频放大器工作在大信号状态下，不可避免地会产生非线性失真，而且同一功放管的失真情况会随着输出功率的增大而越发严重。　　　　　　　　　　　　　　　　　　　　　　　（　　　）

10. 汽车所用的音响系统的功率一般为几十瓦。　　　　　　　（　　　）

学习任务六　数字电路

📖 学习情境概述

　　常见的汽车检测电路、音响电路等广泛采用了数字电路技术。数制的转换是学习数字电路的基础。数字电路也称为逻辑门电路。门电路是数字电路中最基本的逻辑元件。本次学习任务是通过数制的转换学习数字信号的基础知识，通过学习门电路完成基本门电路、组合门电路以及组合逻辑电路的搭建与检测。

🚀 学习目标

知识目标：

1. 能讲述数制的转换方法。

2. 能讲述基本门电路、复合门电路的逻辑关系。

3. 能讲述组合逻辑电路的功能。

技能目标：

1. 能正确进行数制转换。

2. 能按要求正确搭建逻辑门电路。

3. 能正确搭建数码显示译码器，并验证其电路功能。

素养目标：

1. 规范实训 7S 管理。

2. 培养自主学习、团队合作能力。

3. 崇尚劳动，形成敢创新、敢挑战、爱岗敬业的职业精神。

📖 知识链接一：数制的转换

一、数字电路概述

　　电子电路一般分为两大类：模拟电路和数字电路。模拟电路处理的是模拟信号；数字电路处理的是数字信号。在汽车电子电路中，电信号主要在传感器、ECU 及执行器之间传递。传感器传入 ECU 的信号大体上可分为两大类：一类是连续变化的信号，这类信号称为模拟信号，如图2-6-1所示；另一类是电压高、低间隔变化的脉冲式信号，这类信号称为数字信号，如图2-6-2所示。

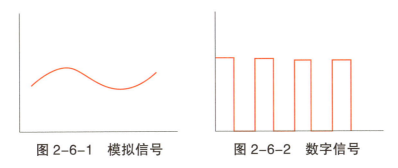

图2-6-1　模拟信号　　　　　图2-6-2　数字信号

二、数制

数制是数的表示方法，最常用的数制是十进制，但是在数字电路中，采用的是二进制。它们的差异是进制方式不同。

1. 十进制数

十进制数有以下特点：数码有10个，分别是0、1、2、3、4、5、6、7、8、9；计数规则是"逢十进一"。十进制的权展开式为

$$(N)_{10} = a_{n-1}10^{n-1} + \cdots + a_1 10^1 + a_0 10^0 + a_{-1}10^{-1} + \cdots + a_{-m}10^{-m}$$
$$= \sum_{i=-m}^{n-1} a_i \times 10^i$$

例如：$(1999)_{10} = 1 \times 10^3 + 9 \times 10^2 + 9 \times 10^1 + 9 \times 10^0$

2. 二进制数

二进制数是用0和1两个数码按照一定规律排列来表示数值的大小；计数规律是"逢二进一"。二进制数的四则运算很简单，即

加法：0+0=0；0+1=1；1+0=1；1+1=10（逢二进一）

减法：0−0=0；1−0=1；1−1=0；10−1=1（向高位借1，本位当2）

二进制数的权展开式为

$$(N)_2 = a_{n-1}2^{n-1} + \cdots + a_1 2^1 + a_0 2^0 + a_{-1}2^{-1} + \cdots + a_{-m}2^{-m}$$
$$= \sum_{i=-m}^{n-1} a_i \times 2^i$$

例如：$(1011)_2 = 1 \times 2^3 + 0 \times 2^2 + 1 \times 2^1 + 1 \times 2^0$

三、数制之间的转换

1. 二进制转换成十进制

将二进制数按权展开后相加，就得到等值的十进制数。

【例2-6-1】将二进制数（110101.101）$_2$转换为十进制数。

解：$(110101.101)_2 = 1 \times 2^5 + 1 \times 2^4 + 0 \times 2^3 + 1 \times 2^2 + 0 \times 2^1 + 1 \times 2^0 + 1 \times 2^{-1} + 0 \times 2^{-2} + 1 \times 2^{-3}$

$$= 32 + 16 + 0 + 4 + 0 + 1 + 0.5 + 0 + 0.125$$

$$= (53.625)_{10}$$

2. 十进制转换成二进制

除2取余倒记法：十进制数除2取余法，即十进制数除2，余数为权位上的数，得到的商值继续除，直到商为0，使用倒记法得到等值的二进制数。

【例2-6-2】将（44）$_{10}$转换为二进制数。

解：

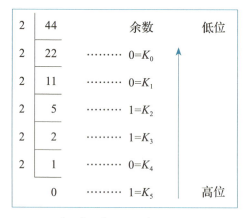

$$(44)_{10} = (101100)_2$$

四、8421BCD码

数字电路中的二进制数码不仅可以表述数字的大小，还可以用来表示各种文字、符号、图形等信息，称为代码。建立这种代码与文字、符号、图形之间的对应关系称为编码。

在数字电路中，常用4位二进制数码表示1位十进制数码，称为二 - 十进制编码，简称BCD码。最常用的二进制代码是8421BCD码，其权位从高到低依次是8、4、2、1，因此称为8421BCD码，见表2-6-1。

表 2-6-1　8421BCD 编码表

十进制数码	二进制数码			
	位权 8	位权 4	位权 2	位权 1
0	0	0	0	0
1	0	0	0	1
2	0	0	1	0
3	0	0	1	1
4	0	1	0	0
5	0	1	0	1
6	0	1	1	0
7	0	1	1	1
8	1	0	0	0
9	1	0	0	1

知识链接二：逻辑门电路

一、与逻辑关系及其门电路

1. 与逻辑关系

与逻辑指的是一件事情的发生或实现有多个条件，只有当所有条件都具备时，这件事情才能发生；只要条件中任一不满足，这件事情就不能发生。如图 2-6-3 所示，当开关 A 和开关 B 同时闭合时，灯才会亮；开关 A 或 B 任一个不闭合，灯都不会亮。

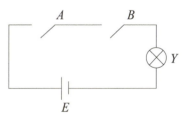

图 2-6-3　与逻辑开关控制电路图

认识基本门电路

2. 与门电路

在数字电路中，正向逻辑关系，"0"表示低电平，"1"表示高电平。与门电路是实现与逻辑关系的基本门电路。图 2-6-4 是由二极管组成的与门电路。图 2-6-5 表示的是与门电路的逻辑符号，输入端为 A、B，输出端为 Y。只有当 A、B 输入都是高电平时，输出 Y 才会有输出高电平，在任一个输入端为低电平时，输出端都为低电平。

若用"0"表示低电平，"1"表示高电平，可以得到与门电路的真值表，见表 2-6-2。

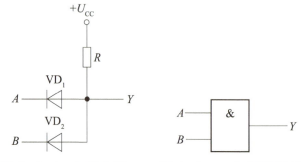

图 2-6-4　与门电路　　图 2-6-5　与门逻辑符号

表 2-6-2　与门电路真值表

输入		输出
A	B	Y
0	0	0
0	1	0
1	0	0
1	1	1

从真值表可以看出，与门电路的逻辑功能可以概括为"有 0 出 0，全 1 出 1"。其逻辑表达式为 $Y=A \cdot B$ 或 $Y=AB$，读作"Y 等于 A 与 B"。

二、或逻辑关系及其门电路

1. 或逻辑关系

或逻辑指当决定某一件事发生的几个条件中，只要有一个或者几个条件具备，该事件就会发生。图 2-6-6 所示，只要其中一个开关闭合，灯就会亮，只有当两个开关都不闭合时，灯才会熄灭。这种因果关系符合或逻辑关系。

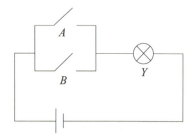

图 2-6-6　或逻辑开关控制电路图

2. 或门电路

或门电路是实现或逻辑关系的基本门电路。图 2-6-7 是由二极管组成的或门电路。图 2-6-8 表示的是或门电路的逻辑符号，输入端为 A、B，输出端为 Y，只要有一个输入端为高电平时，输出就是高电平。只有当输入端全部为低电平时，输出才是低电平。

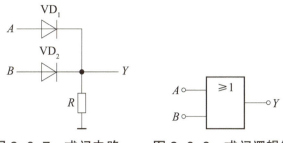

图 2-6-7　或门电路　　　图 2-6-8　或门逻辑符号

若用"0"表示低电平,"1"表示高电平,可以得到或门电路的真值表,见表 2-6-3。

表 2-6-3　或门电路真值表

输入		输出
A	B	Y
0	0	0
0	1	1
1	0	1
1	1	1

从真值表可以看出,或门电路的逻辑功能可以概括为"有 1 出 1,全 0 出 0"。其逻辑表达式为 $Y=A+B$,读作"Y 等于 A 或 B"。

三、非逻辑关系及其门电路

1. 非逻辑关系

非逻辑指当条件不成立时,结果就会发生;条件成立时,结果反而不会发生,这种关系称为非逻辑关系。图 2-6-9 所示,当开关闭合,灯灭;当开关断开,灯亮,这种因果关系符合非逻辑关系。

图 2-6-9　非逻辑开关控制电路图

2. 非门电路

非门电路是实现非逻辑关系的基本门电路。图 2-6-10 是由二极管组成的非门电路。图 2-6-11 表示的是非门电路的逻辑符号,当输入端输入高电平时,输出为低电平,当输入端输入为低电平时,输出为高电平。若用"0"表示低电平,"1"表示高电平,可以得到非门电路的真值表,见表 2-6-4。

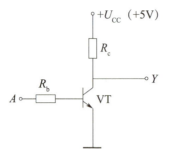

图 2-6-10　非门电路

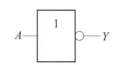

图 2-6-11　非门逻辑符号

表 2-6-4　非门电路真值表

输入	输出
A	Y
0	1
1	0

从真值表可以看出，非门电路的逻辑功能可以概括为"见 1 出 0，见 0 出 1"。其逻辑表达式为 $Y = \overline{A}$，读作"Y 等于 A 非"。

四、复合门电路

复合门电路是指由两个或两个以上基本门电路组成的逻辑电路。常见的复合门电路有与非门、或非门、与或非门、异或门等。

1. 与非门电路

与非门逻辑电路是将与门电路的输出端直接连接非门电路的输入端，构成与非门电路，如图 2-6-12 所示。与非门的逻辑符号如图 2-6-13 所示。

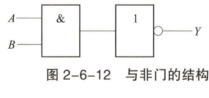

图 2-6-12　与非门的结构

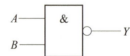

图 2-6-13　与非门的逻辑符号

与非门电路的逻辑关系真值表见表 2-6-5。

表 2-6-5 与非门电路真值表

输入		输出
A	B	Y
0	0	1
0	1	1
1	0	1
1	1	0

从真值表可以看出，与非门电路的逻辑功能可以概括为"有 0 出 1，全 1 出 0"。其逻辑表达式为 $Y = \overline{AB}$。

2. 或非门电路

或非门逻辑电路是将或门电路的输出端直接连接非门电路的输入端，构成或非门电路，如图 2-6-14 所示。或非门的逻辑符号如图 2-6-15 所示。

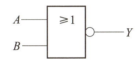

图 2-6-14 或非门的结构

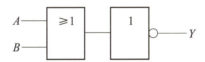

图 2-6-15 或非门的逻辑符号

或非门电路的逻辑关系真值表见表 2-6-6。

表 2-6-6 或非门电路真值表

输入		输出
A	B	Y
0	0	1
0	1	0
1	0	0
1	1	0

从真值表可以看出，或非门电路的逻辑功能可以概括为"有 1 出 0，全 0 出 1"。其逻辑表达式为 $Y = \overline{A+B}$。

📖 知识链接三：组合逻辑电路

一、组合逻辑电路

组合逻辑电路简称组合电路，就是将逻辑门电路按一定的方式组合起来，具有一组输入逻辑变量和一组输出逻辑变量的非记忆性逻辑电路。它是可以实现某一特定逻辑控制功能的电路。

组合逻辑电路主要有以下几个特点：

1）任一时刻输出信号的状态，仅决定于该时刻各输入信号状态（取值）的组合，而与电路过去各时刻的输入状态无关。

2）从电路结构上看，组合电路是由逻辑门构成，不包含具有记忆功能的器件（触发器）。

3）输出与输入之间无反馈连接。

常见的组合逻辑电路有编码器、译码器、加法器、数据选择器、分配器等。

二、编码器

认识编码器、译码器、数码显示管

赋予每组代码以特定含义的过程称为编码，例如，电报局用每组 4 个十进制数码代表一个汉字。在数字电路中，只能处理 0、1 信号，所有的信息都要用若干个 0 和 1 表示，即用多位二进制数的排列组合来表示信号。用来完成编码工作的数字电路称为编码器。

1 位二进制数只有 0 和 1 两个状态，可以表示两种特定的含义；2 位二进制数有 00、01、10、11 共 4 个状态，可以表示 4 种特定含义；3 位二进制数有 000、001、010、100、101、110、011、111 共 8 个状态，可以表示 8 种特定含义。一般 n 位二进制数有 2^n 个状态，可表示 2^n 个特定含义。

根据被编码信号的不同特点和要求，编码器可以分为二进制编码器、8421BCD 编码器和优先编码器等。

1. 二进制编码器

二进制编码器是将输入信号编成相应的二进制代码输出的逻辑电路。图 2-6-16 为 2 位二进制编码器的逻辑图，其真值表见表 2-6-7。

表 2-6-7　二进制编码器真值表

输入	输出	
Y	B	A
Y_0	0	0
Y_1	0	1
Y_2	1	0
Y_3	1	1

2. 8421BCD 编码器

该编码器的输入信号是 0~9 共 10 个数字，要对这 10 个信号进行编码，至少需要 4 位二进制代码，这种代码称为 BCD 码，其中最常用的是 8421BCD 码。

所谓 8421 码，即每组二进制代码自左至右，各位的权分别为 8、4、2、1。表 2-6-8 所列是 8421BCD 码的编码方法。

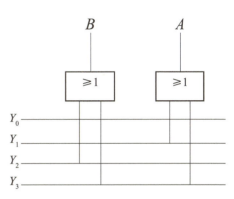

图 2-6-16　二进制编码器逻辑电路图

表 2-6-8　8421BCD 码编码

十进制数（输入）	8421 码（输出）			
	A	B	C	D
0（Y_0=1）	0	0	0	0
1（Y_1=1）	0	0	0	1
2（Y_2=1）	0	0	1	0
3（Y_3=1）	0	0	1	1
4（Y_4=1）	0	1	0	0
5（Y_5=1）	0	1	0	1
6（Y_6=1）	0	1	1	0
7（Y_7=1）	0	1	1	1
8（Y_8=1）	1	0	0	0
9（Y_9=1）	1	0	0	1

这种编码器每次只允许输入 1 个为 "1" 的信号，如果同时输入多个信号 "1"，其电路就会发生混乱，不能工作。

三、译码器

译码是编码的逆过程，如电报局将每组 4 个十进制数字译成一个汉字就是译码。完成译码工作的逻辑电路称为译码器。译码器种类很多，工作原理大致相同，这里重点介绍数码显示译码器的工作原理。

数码显示器是用来显示数字、文字、符号的器件。我国字形管标准为 7 段字形，即由分布在同一平面上的 7 段发光笔画来组成字形。按发光物质的不同分为半导体数码管、荧光数码管和液晶数字显示器等。其中，应用最广泛的是半导体数码管。

1. 半导体数码管

半导体数码管是用发光二极管（简称 LED）组成字段来显示数字的，因此又称为 LED 数码管。它由发光二极管布置成"日"字形状，利用 7 个 LED 的不同发光组合，便可显示出 0，1，2，3，…，9 共 10 个不同的数字，如图 2-6-17 所示。

十进制数	0	1	2	3	4	5	6	7	8	9
显示字形	0	1	2	3	4	5	6	7	8	9

图 2-6-17　七段数码管字形显示

半导体数码管内部发光二极管的连接方式有两种：若 7 个 LED 的阳极连接在一起作为 1 个引出端，称为共阳极数码管；若 7 个 LED 的阴极连接在一起作为 1 个引出端，称为共阴极数码管，如图 2-6-18 所示。共阳极数码管在应用时，应将阳极引出端接高电平，当 LED 的阴极为低电平时，LED 发光；当 LED 的阴极为高电平时，LED 不发光。共阴极数码管在应用时，应将阴极引出端接低电平，当 LED

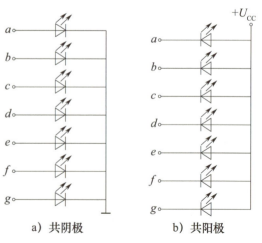

a) 共阴极　　　b) 共阳极

图 2-6-18　七段数码管的两种连接方式

的阳极为高电平时，LED 发光；当 LED 的阳极为低电平时，LED 不发光。

2. 数码显示译码器

数码显示译码器的原理电路如图 2-6-19 所示，输入的是 8421BCD 码，输出的是相应 a、b、c、d、e、f、g 端的高、低电平。假设数码显示译码器驱动的是共阴数码管，则数码显示译码器的真值表见表 2-6-9。

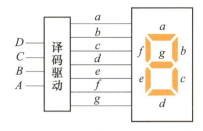

图 2-6-19　数码显示译码器的原理电路

表 2-6-9　数码显示译码器真值表

十进制数	D	C	B	A	a	b	c	d	e	f	g
0	0	0	0	0	1	1	1	1	1	1	0
1	0	0	0	1	0	1	1	0	0	0	0
2	0	0	1	0	1	1	0	1	1	0	1
3	0	0	1	1	1	1	1	1	0	0	1
4	0	1	0	0	0	1	1	0	0	1	1
5	0	1	0	1	1	0	1	1	0	1	1
6	0	1	1	0	1	0	1	1	1	1	1
7	0	1	1	1	1	1	1	0	0	0	0
8	1	0	0	0	1	1	1	1	1	1	1
9	1	0	0	1	1	1	1	1	0	1	1

例如，输入的 8421BCD 码是 1010，译码器的输出端 a、c、d、e、f、g 是高电平，b 端是低电平，共阴极数码管显示字形"6"。

课后习题

一、单选题

1.（　　）信号属于数字信号。

　　A. 声音信号　　　　　　　　　　B. 时间

　　C. 物体的运动速度　　　　　　　D. 电压的有无

2. 将十进制数的 10 转换成二进制数是（　　）。

　　A. 1101　　　　　B. 1010　　　　　C. 0111　　　　　D. 0011

3. 十进制数 38 转换成 8421BCD 码为（　　）。

　　A. 11000111　　　　B. 00111111　　　　C. 11111000　　　　D. 00111000

4. 计算机中常用的数制是（　　　）。

    A. 十进制　　　　　B. 八进制　　　　　C. 六进制　　　　　D. 二进制

5. 把二进制数转换成十进制数，常用的方法是（　　　）。

    A. 除二取余法　　　B. 乘二取整法　　　C. 列权展开式　　　D. 取公因式法

6. 与门的逻辑功能是（　　　）。

    A. 有 0 出 0，全 1 出 1　　　　　　　　B. 有 0 出 1，全 0 出 0

    C. 有 0 出 1，全 1 出 0　　　　　　　　D. 全 0 出 1，有 1 出 0

7. 或非门的逻辑功能是（　　　）。

    A. 有 0 出 1，有 1 出 1　　　　　　　　B. 有 0 出 1，全 0 出 0

    C. 有 0 出 1，全 1 出 0　　　　　　　　D. 全 0 出 1，有 1 出 0

8. 下列门电路符号中，或非门的电路符号是（　　　）。

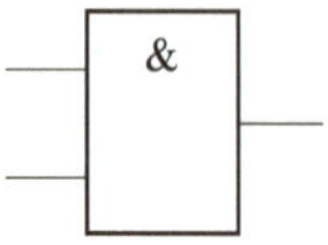

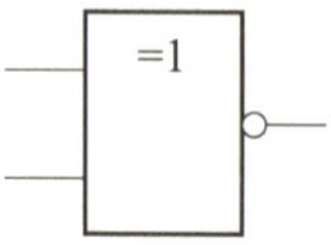

9. 波形如图 2-6-20 所示，A 和 B 是某门电路的输入波形，Y 是其输出波形，则该门电路是（　　　）。

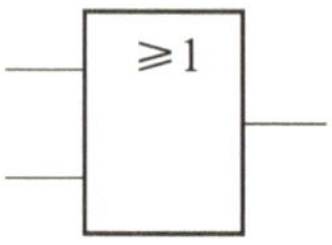

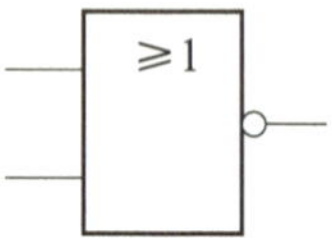

    A. 与门　　　　　　B. 或门

    C. 非门　　　　　　D. 或非门

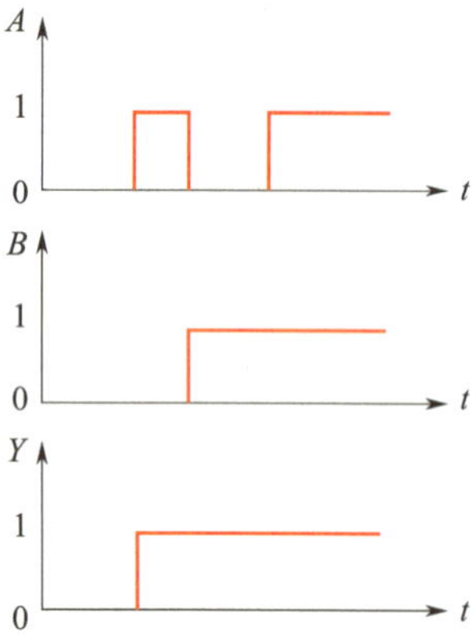

10. 对于一个两输入的或门电路，其中一个输入为 1 时，则输出一定为（　　　）。

    A. 0　　　　　　　　B. 1

    C. 2　　　　　　　　D. 3

图 2-6-20　波形

11. 在 8421BCD 七段显示译码器中，当输入 DCBA=0111 时，数码显示器应显示数字（　　　）。

    A. 5　　　　　　　　B. 6　　　　　　　　C. 7　　　　　　　　D. 9

12. 对于一个共阴极的七段数码管，要显示字形"2"则输入 $abcdefg=$（　　　）。

    A. 1011011　　　　　B. 0100100　　　　　C. 1101101　　　　　D. 0010010

13. 若编码器的输入信号有 20 个，要完成二进制编码则输出的编码数目为（　　　）。

    A. 20　　　　　　　B. 10　　　　　　　C. 5　　　　　　　D. 4

14. 在下列电路中，属于组合逻辑电路的是（　　　）。

   A. 编码器　　　　　　B. 计数器　　　　　　C. 寄存器　　　　　　D. 触发器

15. 一个四位二进制最多能对（　　　）个对象进行编码。

   A. 8　　　　　　　　B. 16　　　　　　　　C. 20　　　　　　　　D. 32

二、判断题

1. 模拟信号在数值上是离散的。　　　　　　　　　　　　　　　　　　　（　　　）

2. 在二进制运算中，1+1=10。　　　　　　　　　　　　　　　　　　　（　　　）

3. 二进制与十进制之间不能相互转化。　　　　　　　　　　　　　　　　（　　　）

4. 8421BCD 码是一种有权的编码方式。　　　　　　　　　　　　　　　（　　　）

5. 数字 1000 中的 1 代表的权是 10^3。　　　　　　　　　　　　　　　（　　　）

6. 与非门的逻辑功能是：有 0 出 1，全 1 出 0。　　　　　　　　　　　（　　　）

7. 逻辑运算 $L=A+B$ 的含义是 L 等于 A 与 B 的和，即当 $A=1$，$B=1$ 时，

   $L=A+B=1+1=2$。　　　　　　　　　　　　　　　　　　　　　　（　　　）

8. 当某二输入的与门电路的输入波形为 A、B 时，则输出波形 Y 一

   定为图 2-6-21 所示。　　　　　　　　　　　　　　　　　　　　　（　　　）

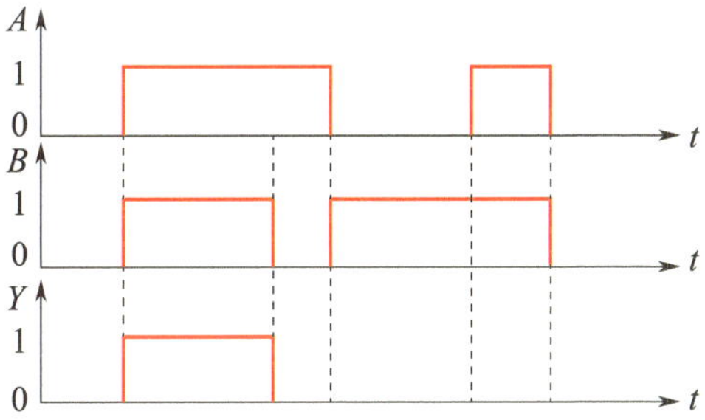

图 2-6-21　某二输入与门电路的波形

9. 一个三输入的与门电路的逻辑表达式可表示为 $Y=A+B+C$。　　　　（　　　）

10. 利用与非门可实现非门的功能。　　　　　　　　　　　　　　　　　（　　　）

11. 编码器没有记忆功能。　　　　　　　　　　　　　　　　　　　　　（　　　）

12. 组合逻辑电路由门电路和触发器组成。　　　　　　　　　　　　　　（　　　）

13. LED 数码管就是半导体数码管。　　　　　　　　　　　　　　　　　（　　　）

14. 七段数码管有两种连接方式，分别是共阴极和共阳极。　　　　　　　（　　　）

15. 七段数码显示管大多与译码显示电路一起使用。　　　　　　　　　　（　　　）

学习领域三

电磁学的应用

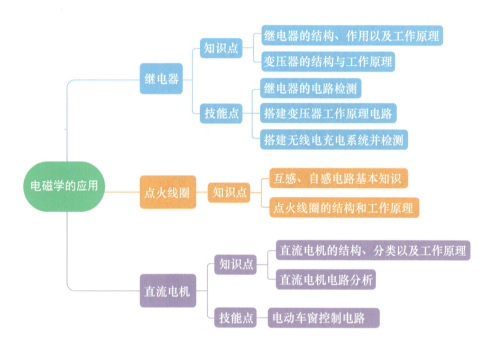

夜空中最亮的星｜平民物理学家法拉第——电磁学之父

1831年10月，法拉第发现了具有划时代意义的电磁感应现象，法拉第做出了世界上第一个电磁感应实验。他把两个线圈绕在一个铁环上，线圈A接直流电源，线圈B接电流表，他发现当线圈A的电路接通或断开的瞬间，线圈B中会产生瞬时电流。

1831年11月，法拉第向皇家学会提交了一份报告，把"磁生电"的现象定名为"电磁感应现象"，并概括了可以产生感应电流的5种情形：变化的电流、变化的磁场、运动的恒定电流、运动的磁铁、在磁场中运动的导体。

1837年他引入了电场和磁场的概念，指出电和磁的周围都有场的存在，这打破了牛顿力学"超距作用"的传统观念。1838年，他提出了电力线的新概念来解释电磁现象，这是物理学理论上的一次重大突破。1839年，他成功地通过

了一连串重要的实验继续深入了解电的本质。法拉第通过研究发现静电、电池、生物电的静电相吸、电解、磁力等现象。1843年，法拉第用有名的"冰桶实验"，证明了电荷守恒定律。1852年，法拉第又引入了磁力线的概念，从而为经典电磁学理论的建立奠定了基础。后来，英国物理学家麦克斯韦用数学工具研究法拉第的磁力线理论，最后完成了经典电磁学理论。

——引自甘肃大众科普网

? 请思考：

1. 法拉第在电磁领域为人类做出了巨大贡献，被誉为"电磁学之父"，请谈一谈，他的哪些精神值得我们学习？

2. 法拉第在不断创新中取得了伟大的成就，请结合实际谈一谈，如何理解"创新是第一生产力"？

学习任务一　电磁感应原理

📖 学习情境概述

　　汽车继电器、无线充电系统、点火线圈的工作原理都是电磁感应。继电器是汽车常见的电气元件，是用小电流去控制大电流运作的一种"自动开关"。变压器是改变交流电压的装置，在新能源汽车中，汽车无线充电利用线圈组把220V交流电升压成高压电后对电池充电，是对变压器原理的实际应用。汽车点火系统是点火线圈产生高压电连接至火花塞击穿间隙生成电火花来点燃可燃混合气。本次学习任务通过学习电磁感应原理，分析继电器、无线充电、点火线圈的组成与原理，完成实训检测任务。

✈ 学习目标

知识目标：

1. 能讲述继电器的结构与工作原理。

2. 能讲述变压器的组成和工作原理。

3. 能讲述点火线圈的组成与工作原理。

技能目标：

1. 能检测继电器的工作情况。

2. 能够测量无线充电系统特性，并读取波形。

3. 能正确判断点火线圈的质量。

素养目标：

1. 规范实训 7S 管理。

2. 培养自主学习、动手操作能力。

3. 一丝不苟，形成重小事、重行动、爱岗敬业的职业精神。

电磁感应
继电器

📖 **知识链接一：继电器**

一、电磁铁原理

　　我们知道电流周围存在磁场，当一带电导线变成线圈时就会产生一个带 N、S 极的磁场，如条形磁铁一样。如果将一铁心放入线圈中，磁场会变强，可以吸引铁质（见图 3-1-1）。继电器和电磁阀就是应用电磁铁原理，线圈通电后能产生极强的磁吸引力。

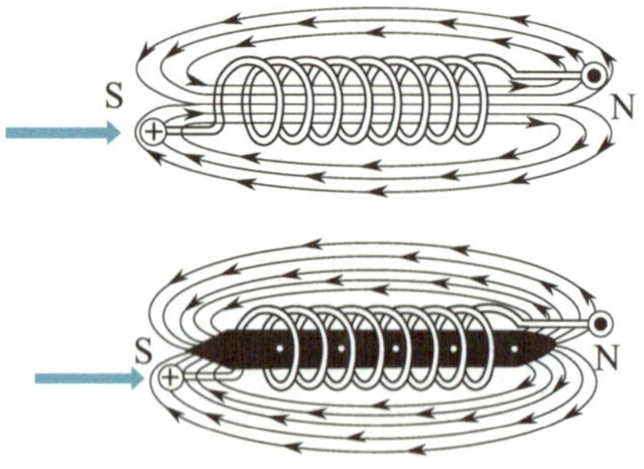

图 3-1-1　电磁铁原理图

二、继电器的作用

　　继电器是一种用小电流控制大电流，保护开关或触点不被大电流烧蚀，具有延长器件使用寿命的作用。继电器在汽车电路中的应用非常广泛，如起动系统电路、刮水器电路、后窗加热电路等，其外观如图 3-1-2 所示。

图 3-1-2　常见汽车继电器外观

　　车用继电器一般布置在发动机舱内，如图 3-1-3 所示，但是也有其他功能继电器布置在驾驶室内等不同位置，因车型而异。

图 3-1-3　汽车继电器盒

三、继电器的结构及原理

1. 继电器的结构

继电器由引脚、衔铁、弹簧片、线圈、常闭/常开触点、外壳等组成，如图 3-1-4 所示。继电器主要有两种：常开继电器和常闭继电器。其中，线圈不通电时触点开关处于断开状态的，称为常开继电器；线圈不通电时触点开关处于闭合状态的，则称为常闭继电器。

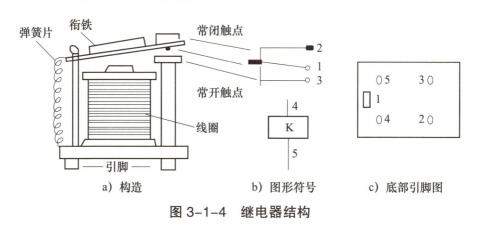

图 3-1-4 继电器结构

2. 继电器的工作原理

当继电器线圈通电后，线圈中的铁心因通电会产生强大的电磁力，吸动衔铁带动弹簧片，使触点 1、2 断开，触点 1、3 接通。当线圈断电后，弹簧片复位，使触点 1、2 接通，触点 1、3 断开。只要把需要控制的电路接在触点 1、2 间（常闭触点）或触点 1、3 间（常开触点），就可以利用继电器达到某种控制的目的。

四、继电器的检测方法

对于继电器的检查，不只是通过测量线圈的电阻值来判断其好坏，还要通过多种方法来检测继电器的好坏。下面简要介绍电阻及电压的方法检测继电器。

1. 线圈的检测

选择万用表的欧姆档，然后将两表笔接触继电器线圈的两端，测量线圈电阻值的大小。如果线圈电阻值为 100Ω 左右，说明线圈正常；如果线圈电阻值为 ∞，说明线圈断路；如果线圈电阻值接近于 0，说明线圈短路。

2. 常闭触点开关的检测

首先，选择万用表的欧姆档，测量继电器常闭触点两端电阻值的大小。如果电阻值接近于 0，则说明正常；如果电阻值为∞，说明触点开关出现断开。

然后用 12V 电压给线圈通电，测量继电器常闭触点两端的电阻值大小。如果电阻值为∞，则说明正常；如果电阻值接近于 0，说明触点开关出现粘连，常闭触点并没有在通电状态下断开。

3. 常开触点开关的检测

首先，选择万用表的欧姆档，测量继电器常开触点两端的电阻值大小。如果电阻值为∞，则说明正常；如果电阻值接近于 0，说明触点开关出现粘连。

然后用 12V 电压给线圈通电，测量继电器常开触点两端的电阻值大小。如果电阻值接近于 0，说明正常；如果电阻值仍为∞，说明触点开关不能回位贴合，可能是吸合线圈短路或者其他故障。

📖 知识链接二：变压器与无线充电

一、线圈的认知

线圈是指导线一圈一圈绕起来（见图 3-1-5），导线彼此互相绝缘，一般绕制在陶瓷体上或者铁心上，可应用于电磁铁、变压器、电机等。

图 3-1-5　线圈

二、磁生电的现象

闭合电路的一部分导体在磁场中做切割磁感线的运动时，导体中就会产生电流，这种现象叫作电磁感应现象，如图 3-1-6 所示。电磁感应现象的本质是闭合电路中磁通量的变化，而闭合电路中由电磁感应现象产生的电流叫作感应电流。

三、电生磁的现象

1820 年丹麦物理学家奥斯特用实验证实通电导体的周围存在着磁场。电生磁就是用一条直的金属

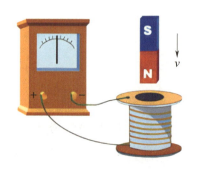

图 3-1-6　电磁感应现象

导线通过电流，那么在导线周围的空间将产生圆形磁场，如图 3-1-7 所示。导线中流过的电流越大，产生的磁场越强。磁场呈圆形，围绕导线周围。同样，线圈通电后可以产生磁场，当在通电螺线管内部插入铁心后，磁感线集中在铁心附近，从而使螺线管的磁性大大增强。另外，电磁铁的铁心一般是用软铁制作。变压器内部的一次绕组与二次绕组通过铁心传递能量，可以有效减低能量的损失。

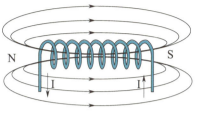

图 3-1-7 线圈通电产生磁场

四、变压器基本结构

变压器是利用电磁感应的原理来改变交流电压的装置。变压器主要由铁心和绕组组成。变压器通常有两个绕组，其中连接在电源的绕组叫作一次绕组，另一个连接负载的绕组叫作二次绕组。最简单的变压器由一个铁心以及套在铁心上的两个匝数不相等的绕组构成，如图 3-1-8 所示。

变压器无线充电

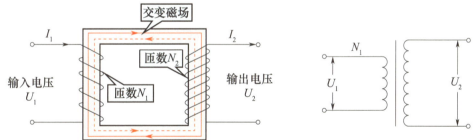

图 3-1-8 变压器结构及电路符号

五、变压器原理

变压器主要应用了电磁感应的原理，可以将交流电转换成频率相同但电压幅度大小不同的交流电。其具体工作过程是：当变压器一次绕组施加交流电压，电流流过一次绕组，则该电流在铁心中会产生不断变化的磁场；根据电磁感应原理，二次绕组会在此变化的磁场中产生感应电动势，匝数多的一侧绕组电压高，匝数少的一侧绕组电压低，如图 3-1-9 所示。

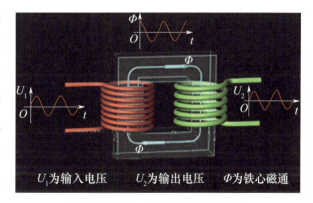

U_1 为输入电压　U_2 为输出电压　Φ 为铁心磁通

图 3-1-9 变压器工作原理

简而言之，如果一次绕组的匝数比二次绕组的匝数多，则为降压作用的变压器；反过来，如果二次绕组的匝数比一次绕组的匝数多，则为升压作用的变压器。

六、变压器发热的主要原因

变压器工作时，铁心中存在时刻变化的磁场，由于铁心是铁磁材料，会产生磁滞损耗和涡流损耗（见图 3-1-10），也就是变压器的空载损耗。同时，线圈中流过电流，由于线圈是铜或铝材料，存在电阻，也产生电阻损耗，这就是变压器的负载损耗。空载损耗和负载损耗都以热量的形式出现，因此，变压器的线圈和铁心都会发热。

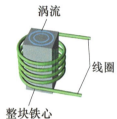

图 3-1-10　变压器铁心的涡流损耗

七、电动汽车无线充电的原理

目前电动汽车无线充电技术主要采用电磁感应式，如图 3-1-11 所示。新能源汽车的无线充电相比于有线充电，主要是多了接收线圈，省略了充电接口。电磁感应式无线充电算是目前比较成熟的技术，很多手机无线充电利用的也是这种原理。

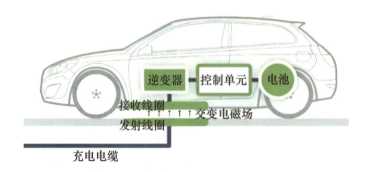

图 3-1-11　新能源汽车无线充电原理

电磁感应式充电的基本原理：在发射线圈中存在一定频率的交流电，通过电磁感应在接收线圈中产生了电流，从而将能量由输出端传送至接收端，完成无线充电。但是使用时要求两个设备的距离必须很近，供电距离控制在 0~10cm，而且充电只能对准线圈一对一进行。

新能源汽车将一个接收线圈装置安装在汽车的底盘上，将另一个发射线圈装置安装在地面，当电动汽车驶到发射线圈装置上，接收线圈即可接收到发射线圈的电流，从而对电池进行充电。目前，这套装置的额定输出功率为 10kW，一般的电动汽车可在 8h 内完成充电。

虽然无线供电技术具有一定的可实现性，并且已开始在新能源电动汽车上应用，但仍无法普及应用。其主要存在以下几个问题：

1）电能的传递距离比较短，无法做到远距离输电。因为如果线圈间隔大，传输效率就会明显下降，导致无法有效充电。

2）辐射问题。线圈会产生一定程度的电磁辐射，会危害人体健康。

3）充电过程中，线圈发热严重，容易造成设备老化，维护成本高。

📖 知识链接三：点火线圈

汽车点火系统

一、互感电路基本知识

1. 互感现象

在法拉第的实验中，如图 3-1-12 所示，左侧线圈 BB' 与右侧线圈 AA' 之间并没有导线相连，但当右侧线圈中 AA' 的电流由于开关 S 发生变化时，它所产生的变化的磁场会在另一个线圈 BB' 中产生感应电动势。

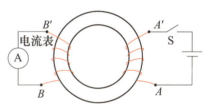

图 3-1-12　互感电路

因此，当一个线圈中电流变化，在另一个线圈中产生感应电动势的现象，称为互感。互感现象中产生的感应电动势，称为互感电动势。

2. 互感现象的应用

利用互感现象可以把能量从一个线圈传递到另一个线圈，因此在电工技术和电子技术中有广泛的应用，如变压器、磁性天线等。这两个元器件的外观如图 3-1-13 所示。

收音机的磁性天线就是互感现象的应用。它是在一根磁棒上缠绕两组彼此不连接的线圈，作用是接收空间的电磁波。磁性天线具有良好的方向性，使得收音机转动至某一方向时，声音最响，又减小了噪声。

a）变压器　　　　b）磁性天线
图 3-1-13　变压器及磁性天线

由于互感现象，能量或信号可以由一个线圈很方便地传递到另外一个线圈，利用这个原理可以制成变压器。

二、自感电路基本知识

1. 自感现象

自感现象是一种特殊的电磁感应现象，是由于线圈本身的电流发生变化而引起的。

流过线圈的电流发生变化，导致穿过线圈的磁通量发生变化而产生的自感电动势，总是阻碍线圈中原来电流的变化，当原来电流在增大时，自感电动势与原来电流方向相反；当原来电流减小时，自感电动势与原来电流方向相同。因此，自感现象简单来说就是由于导体本身的电流发生变化而产生的电磁感应现象。

2. 自感系数

自感系数表示线圈产生自感能力的物理量，常用 L 来表示，简称自感或电感。自感系数的单位是亨利，简称亨，符号是 H。在单位电流变化率 $\Delta I/\Delta t$ 下，自感线圈产生的自感电动势为 $E=L\Delta I/\Delta t$。

如图 3-1-14 所示，线圈越大、匝数越多，给线圈中加入铁心的自感系数比普通线圈的自感系数要大得多。

图 3-1-14　不同自感系数的自感线圈

自感单位是亨利（H）、毫亨（mH）、微亨（μH），它们之间的换算为 $1H=10^3mH=10^6\mu H$。由于亨利（H）这个单位比较大，例如电磁炉线盘空载电感一般才为 100~150μH，在实际生活中，自感单位用微亨、毫亨居多。

三、点火线圈的结构

点火线圈里面有两组线圈，分别称为初级线圈和次级线圈，如图 3-1-15 所示。初级线圈用较粗的漆包线，通常用直径 0.5~1mm 的漆包线绕 200~500 匝；次级线圈用较细的漆包线，通常用直径 0.1mm 左右的漆包线绕 15000~25000 匝。

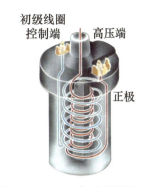

图 3-1-15 点火线圈结构

四、点火线圈工作的原理

汽车点火线圈是利用互感原理制作的一种直流变压器，可以将低压直流电转换成电压幅度更高的直流电。其工作原理如图 3-1-16 所示。

具体工作过程：当控制单元 ECU 接地（2 号线接地），点火线圈的初级线圈开始通电，电流流过初级线圈，则该电流在铁心中会产生磁场；当 ECU 因为工作需要而断开初级线圈的电流，根据电磁互感的原理，次级线圈会在急剧减小的初级线圈磁场中产生互感电动势来抵消这样的变化；由于次级线圈匝数远远多于初级线圈匝数，因此可以在汽车点火线圈的次级线圈产生很高的电压。

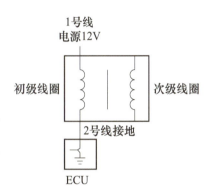

图 3-1-16 点火线圈工作的原理

课后习题

一、单选题

1.断电状态下检测继电器线圈，需要选择万用表（　　）。

    A.电压档　　　　　B.电阻档　　　　　C.电流档　　　　　D.蜂鸣档

2.线圈不通电时，触点开关处于（　　）状态；线圈通电时，触点开关处于（　　）状态，则称为常开继电器。

    A.闭合、闭合　　　B.闭合、断开　　　C.断开、闭合　　　D.断开、断开

3.使用万用表检测继电器线圈的电阻值大小为∞，说明线圈（　　）。

    A.断路　　　　　　B.短路　　　　　　C.正常　　　　　　D.无法确定

4.使用万用表检测继电器线圈的电阻值大小为 0Ω，说明线圈（　　）。

    A.断路　　　　　　B.短路　　　　　　C.正常　　　　　　D.无法确定

5. 继电器可代替（　　　）去控制电路的通断。

　　A. 开关　　　　　　B. 线圈　　　　　　C. 插座　　　　　　D. 电路

6. 两个磁耦合线圈之间存在（　　　）。

　　A. 互感　　　　　　B. 互绕　　　　　　C. 互通　　　　　　D. 互换

7. 一个线圈中电流发生变化会在另一个线圈中产生（　　　）。

　　A. 感应电压　　　　B. 感应磁场　　　　C. 感应电流　　　　D. A 和 B 都正确

8. 变压器的供电是（　　　）。

　　A. 直流电压　　　　B. 交流电压　　　　C. 交直流电压　　　　D. 都不正确

9. 在降压变压器中二次绕组比一次绕组的匝数（　　　）。

　　A. 少　　　　　　　B. 多　　　　　　　C. 相等　　　　　　D. 不确定

10. 变压器接电源的绕组和接负载的绕组依次被称为（　　　）。

　　A. 二次绕组、一次绕组　　　　　　　　B. 一次绕组、二次绕组

　　C. 一次绕组、低压绕组

11. 点火线圈的作用是（　　　）。

　　A. 产生高压电　　　　　　　　　　　　B. 产生磁场

　　C. 产生低压电　　　　　　　　　　　　D. 提供搭铁

12. 当一个线圈中电流变化，在另一个线圈中产生感应电动势的现象，称为
（　　　）。

　　A. 涡流效应　　　　B. 互感　　　　　　C. 自感　　　　　　D. 电流效应

13. 变压器的一次绕组的匝数与二次绕组相比（　　　）。

　　A. 二次侧匝数多　　　　　　　　　　　B. 一次侧匝数多

　　C. 两者一样多　　　　　　　　　　　　D. 无法判别

14. 当原来电流在增大时，自感电动势与原来电流方向（　　　）。

　　A. 相反　　　　　　B. 相同　　　　　　C. 不变　　　　　　D. 不确定

15. 点火线圈产生的高压电是（　　　）。

　　A. 直流电　　　　　B. 交流电　　　　　C. 单相电　　　　　D. 三相电

二、判断题

1. 继电器有保护电路的作用。　　　　　　　　　　　　　　　　　（　　　）

2. 常开继电器的线圈通电时，触点开关处于断开状态。　　　　　　（　　　）

3. 只要在继电器线圈两端加上一定的电压，继电器触点就会闭合。　（　　　）

4. 继电器一般用来直接控制主电路。　　　　　　　　　　（　　　）

5. 继电器由线圈、衔铁、弹簧和触点等组成。　　　　　　（　　　）

6. 电磁感应现象是指在不断变化磁场中，线圈两端会在两端产生
一个电动势，称为感应电动势。　　　　　　　　　　　（　　　）

7. 变压器利用电磁感应的原理，可以将交流电转换成频率和电压
幅度均不同的交流电。　　　　　　　　　　　　　　　（　　　）

8. 变压器一般由铁心和套在铁心上的两个匝数不等的绕组构成。（　　　）

9. 变压器两端，匝数多的一侧绕组电压低，匝数少的一侧绕组电
压高。　　　　　　　　　　　　　　　　　　　　　　（　　　）

10. 在新能源汽车无线充电中，线圈间隔越大，充电的效率就会越
高。　　　　　　　　　　　　　　　　　　　　　　　（　　　）

11. 变压器的原理就是利用自感现象来实现的。　　　　　　（　　　）

12. 由于互感现象，能量或信号可以由一个线圈很方便地传递到另
外一个线圈。　　　　　　　　　　　　　　　　　　　（　　　）

13. 流过线圈的电流发生变化，导致穿过线圈的磁通量发生变化而
产生的自感电动势，总是阻碍线圈中原来电流的变化。　（　　　）

14. 点火线圈里面有两组线圈：初级线圈和次级线圈。　　　（　　　）

15. 点火线圈的初级线圈能产生很高的电压。　　　　　　　（　　　）

学习任务二　直流电机分析与电路检测

📖 学习情境概述

　　直流电机是指能将直流电能转换成机械能或将机械能转换成直流电能的旋转电机。它是能实现直流电能和机械能互相转换的设备。当它作电动机运行时是直流电动机，将电能转换为机械能；作为发电机运行时是直流发电机，将机械能转换为电能。直流电机作为汽车上常见的设备，可以实现相应的功能及要求。通过本次任务学习直流电机的工作原理，以及电动车窗的组成、控制及原理，完成电机的信号参数检测，并进行车窗电路搭建及排除车窗电路故障。

学习目标

知识目标：

1. 能讲述直流电机的基本结构及工作原理。

2. 能讲述电动车窗的工作原理及控制方式。

技能目标：

1. 能对直流电机各部分进行检测。

2. 能检测电机正转、反转状态下，电机两端电压及控制信号的特点。

素养目标：

1. 规范实训 7S 管理。

2. 培养自主学习、团队合作能力。

3. 独立思考，形成敢创新、勤动手、爱岗敬业的职业精神。

知识链接一：直流电机

一、直流电机的结构

电机主要作用是产生转矩，作为用电器或各种机械的动力源。直流电机的结构主要由定子和转子两大部分组成，如图 3-2-1 所示。

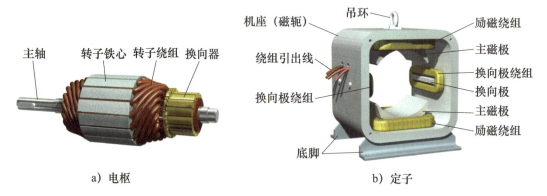

a）电枢　　　　　　　　　　　　　b）定子

图 3-2-1　直流电机结构

直流电机运行时静止不动的部分称为定子，主要作用是产生磁场，由机座、主磁极、换向极、端盖、轴承和电刷装置等组成。

运行时转动的部分称为转子，其主要作用是产生电磁转矩，是直流电机进行能量转换的机构，所以通常又称为电枢。它由转轴、电枢铁心、电枢绕组、换向器和风扇等组成。

二、电机的分类

1. 按工作电源分类

根据电机工作电源的不同，可分为直流电机和交流电机，其中交流电机还分为单相电机和三相电机。

2. 按结构及工作原理分类

电机按结构及工作原理可分为直流电机、异步电机和同步电机。同步电机还可分为永磁同步电机、磁阻同步电机和磁滞同步电机。异步电机可分为感应电机和交流换向器电机。

三、安培力

通电导线在磁场中所受的作用力，称为安培力，而且可以根据左手定则来判断安培力的方向：左手掌摊平，使拇指与其他四指垂直，磁感线从掌心流入，从手背流出，四指指向电流方向，大拇指指向的就是安培力方向。这个判断安培力的方法如图 3-2-2 所示。

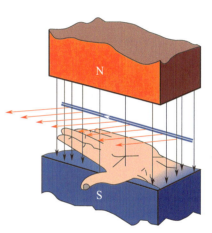

图 3-2-2 左手定则

四、直流电机原理

直流电机工作原理的本质是电流磁效应的应用，是以通电导体在磁场中受磁场力作用这一原理为基础，如图 3-2-3 所示。

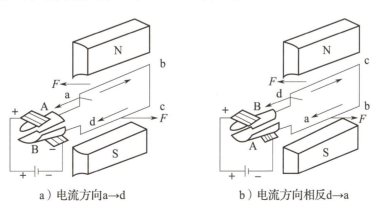

a）电流方向a→d b）电流方向相反d→a

图 3-2-3 直流电机的工作原理

直流电动机
工作原理

当电路接通时，如图 3-2-3a 所示，线圈 abcd 的电流方向是：蓄电池正极→励磁绕组→电刷→换向片 A →线圈（a → d）→换向片 B →电刷→搭铁，此时励磁绕组中产生电磁场，磁场磁极如图 3-2-3a 所示，根据左手定则可知，线圈中的有效边 ab 与 cd 所受磁场力 F 的方向如图 3-2-3a 所示，此时线圈产生的转矩方向为逆时针；当线圈转过半周后，如图 3-2-3b 所示，线圈 abcd 中的电流方向发生改变，电流方向是：蓄电池正极→励磁绕组→电刷→换向片 B →线圈（d → a）→换向片 A →电刷→搭铁，此时线圈中的电流方向虽改变为 d → a，但线圈中的有效边 ab 与 cd 所受的磁场力 F 的方向同时改变，故线圈产生的转矩方向不变，仍为逆时针方向。因此，直流电能就转换成输出轴的机械能，并且可以通过改变电流的方向来控制电机的转向，通过改变电流的大小来改变电机的转速。

由于一个线圈所产生的力矩太小，转速又不稳定，所以电机的电枢绕组是由很多线圈组成的，换向器的片数也随线圈的增多而增加。

五、直流电机控制原理图

如图 3-2-4 所示，当 PMW$_1$ 端子为低电平、PWM$_2$ 端子为高电平时，电路分析如下：PMW$_1$ 端子为低电平，即晶体管 VT$_5$ 处于截止状态，从而使 A 点处于高电平，所以晶体管 VT$_1$ 处于导通状态，晶体管 VT$_3$ 处于截止状态；PWM$_2$ 端子为高电平，即晶体管 VT$_6$ 处于导通状态，从而使 B 点处于低电平，所以晶体管 VT$_2$ 处于

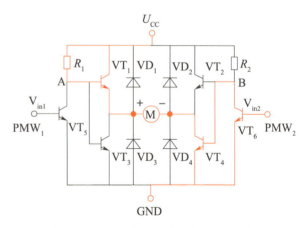

图 3-2-4　直流电机控制原理图

截止状态，晶体管 VT$_4$ 处于导通状态。电流的流动方向为：电源正极→晶体管 VT$_1$ →电机的"+"端→电机的"−"端→晶体管 VT$_4$ →电源负极。

类比可以得知，当 PWM$_1$ 端子为高电平、PWM$_2$ 端子为低电平时，电流的流动方向为：电源正极→晶体管 VT$_2$ →电机的"−"端→电机的"+"端→晶体管 VT$_3$ →电池负极。

当 PWM$_1$ 与 PWM$_2$ 同时为低电平，电机不工作。

综上所述，直流电机控制状态见表 3-2-1。

表 3-2-1　直流电机控制状态

PWM$_1$	PWM$_2$	电机状态
低电平	高电平	正转
高电平	低电平	反转
低电平	低电平	不转

二极管在电路中有保护电路、防止高压击穿晶体管的作用。

📖 知识链接二：电动车窗

为了减轻驾驶人的劳动强度，汽车设计的舒适系统越来越多，汽车的舒适系统主要有电动车窗、电动刮水器、电动座椅等。现在汽车上普遍装有电动车窗，驾驶人坐在驾驶座上即可利用控制开关使全部车窗玻璃自动升降，操作简便，且有利于行车安全。

电动车窗

一、电动车窗系统的组成及功能设计

1. 组成

电动车窗系统主要由车窗玻璃、电动车窗升降器、电动机和控制开关等组成，如图 3-2-5 所示。

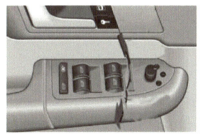
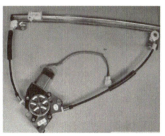

a）控制开关　　　　b）电动车窗升降器

图 3-2-5　电动车窗组成

电动车窗升降器是电动车窗系统的核心部件，是一个执行机构，执行驾驶人或乘客的指令使车窗玻璃升降，该部件主要由电动机、传动装置等组成。

2. 功能设计

驾驶人操作控制开关，可以使 4 个车窗中的任意一个车窗玻璃上升或下降，而乘客只能使所在某一个门上的车窗玻璃上升或下降。也就是说，电动车窗的控制开关有两套：一套装在驾驶人侧车门扶手上，为总开关，可控制每个车窗玻璃的升降；另一套分别装在每个乘客的车门上，为分开关，可单独控制一个车窗玻璃升降。所有车窗电动机都要通过总开关搭铁，如果总开关断开，分开关就不能起作用了。另外，电动车窗通常使用双向永磁或绕线（双绕组串联）式电动机。各车窗都独立安装一台电动机，经开关控制其电流方向，实现车窗玻璃的升降。当电动车窗玻璃下降时，连接在扇形齿轮上的螺旋弹簧卷起，储存一定能量，当车窗玻璃升高时，弹簧将其储存的能量释放，协助电动机升高车窗玻璃。螺旋弹簧使车窗玻璃升降时驱动电动机承受相等的负荷。根据机械升降机构的不同工作原理，玻璃升降器可分为绳轮式、叉臂式和软轴式。

二、电动车窗控制电路

车窗升降电动机采用可以双向转动的电动机，其核心控制原理就是通过改变电流方向实现正反转从而控制车窗玻璃的升或降，即只需把供电的正负极对调，通过相应的开关即可实现正反转。现在的问题是需要设计一套能控制 4 个车窗玻璃升降的总系统，且要求每个门上的车窗电动机都可由 2 个开关（驾驶人主控开关、对应门上的分控开关）分别控制，而且要控制电流的正、反向从而实现控制电机正、反转。我们可以先研究某一个车窗（非驾驶位）升降系统的电路，其核心也就是 2 个开关的双控电路。

图 3-2-6 为驾驶人主控开关控制左后车窗玻璃上升时的电流方向（箭头标示），12V 蓄电池电流→熔断器→驾驶人侧车窗总开关→电动机M→返回总开关

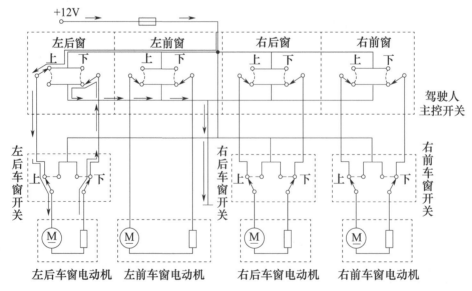

图 3-2-6　驾驶人主控开关控制左后车窗玻璃上升时电流方向

后搭铁。

图 3-2-7 为左后乘客门使用独立操作开关控制左后车窗玻璃下降时电流方向。

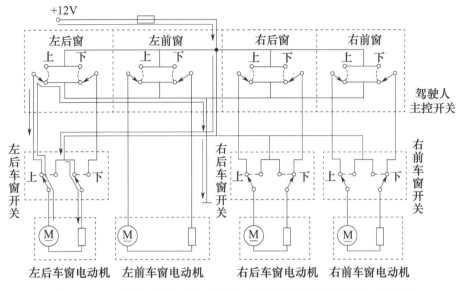

图 3-2-7　独立操作开关控制左后车窗玻璃下降时电流方向

课后习题

一、单选题

1. 左手定则中，磁感线从（　　　）流入，（　　　）指向的就是安培力方向。

 A. 手心、拇指　　　B. 手心、四指　　　C. 手背、拇指　　　D. 手背、四指

2. 直流电机是将（　　　）转换成（　　　）输出轴上的。

 A. 电能、机械能　　　　　　　　B. 机械能、电能

 C. 电能、热能　　　　　　　　　D. 化学能、机械能

3. 改变直流电机的转向，可以通过（　　　）的方法来实现。

 A. 改变励磁电流的大小　　　　　B. 改变转子的磁场大小

 C. 改变定子线圈的数量　　　　　D. 改变输入电流的方向

4. 直流电机的转矩与转子电流（　　　）。

 A. 成正比　　　B. 成反比　　　C. 相同　　　D. 不相关

5. 直流电机主要由定子、转子、（　　　）和换向器组成。

 A. 磁铁　　　B. 励磁绕组　　　C. 电刷　　　D. 线框

6. 电动车窗中的电机一般为（　　　）。

    A. 单向直流电机   B. 双向交流电机

    C. 永磁双向直流电机   D. 单向交流电机

7. 电动车窗系统的熔断器熔断了，下列哪一项是最不可能的原因？（　　　）

    A. 电路中某个地方导线短路接地   B. 车窗的机械出现卡滞现象

    C. 电动机电路存在断路故障   D. 电动机中有短路故障

8. 电动车窗中某个车窗的两个方向都不能运动的故障有（　　　）。

    A. 传动机构卡住   B. 搭铁不实

    C. 车窗电动机损坏   D. 分开关至电动机断路

9. （　　　）部件不属于电动车窗系统的组成。

    A. 车窗玻璃   B. 升降器   C. 电动机   D. 点火开关

10. 通过改变（　　　）的大小来改变电动机的转速。

    A. 电流   B. 电压   C. 电动机   D. 电阻

二、判断题

1. 直流电机的转向与电压的大小有关。   （　　　）

2. 减小转子通电电压，可以提高直流电机转速。   （　　　）

3. 直流电机主要利用了电磁感应的原理。   （　　　）

4. 改变电源的极性可以改变直流电机的转向。   （　　　）

5. 可以通过增大转子电压，以此改变直流电机的转矩。   （　　　）

6. 只需要把供电的正负极对调就可以实现正反转。   （　　　）

7. 电动车窗中某个车窗的熔断器熔断了会造成所有的车窗玻璃都不能升降。   （　　　）

8. 汽车上电动车窗的电动机一般有 2 个，分别控制玻璃的上升和下降。   （　　　）

9. 电动车窗操作简便，有利于行车安全。   （　　　）

10. 车窗升降失灵是电机损坏导致。   （　　　）

学习领域四

汽车传感器和执行器应用

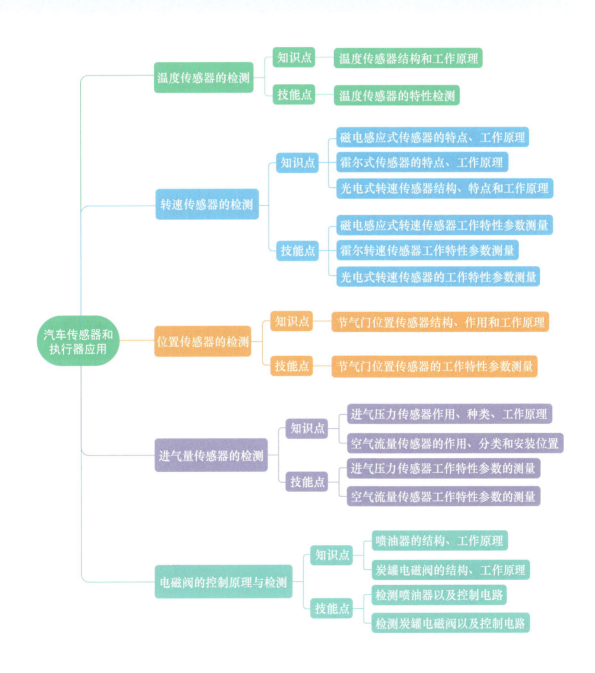

温度传感器的检测
- 知识点 —— 温度传感器结构和工作原理
- 技能点 —— 温度传感器的特性检测

转速传感器的检测
- 知识点
  - 磁电感应式传感器的特点、工作原理
  - 霍尔式传感器的特点、工作原理
  - 光电式转速传感器结构、特点和工作原理
- 技能点
  - 磁电感应式转速传感器工作特性参数测量
  - 霍尔转速传感器工作特性参数测量
  - 光电式转速传感器的工作特性参数测量

汽车传感器和执行器应用

位置传感器的检测
- 知识点 —— 节气门位置传感器结构、作用和工作原理
- 技能点 —— 节气门位置传感器的工作特性参数测量

进气量传感器的检测
- 知识点
  - 进气压力传感器作用、种类、工作原理
  - 空气流量传感器的作用、分类和安装位置
- 技能点
  - 进气压力传感器工作特性参数的测量
  - 空气流量传感器工作特性参数的测量

电磁阀的控制原理与检测
- 知识点
  - 喷油器的结构、工作原理
  - 炭罐电磁阀的结构、工作原理
- 技能点
  - 检测喷油器以及控制电路
  - 检测炭罐电磁阀以及控制电路

智能汽车传感器

对于车规级传感器从业者来说，2021 年都是不平凡的一年。2019 年开始，国内汽车厂商为国内车规级供应商打开大门，目前已有传感器供应商实现了车规级产品供货。受到全球芯片短缺市场现状影响，车规级传感器也实现巨量增长。2021 年的产品销量，大致相当于过往 6 年的销量之和。自动驾驶风口将继续助推产业发展。我国汽车传感器行业起步时间不长，从业者技术相对薄弱，客户基础不扎实，可乘势进行市场布局。

自动驾驶是近几年汽车行业着力突破的关键点。2023 年，推动自动驾驶功能上车应用仍将是车企布局的重点。当前，L2 级自动驾驶是车辆进军的重点。路面观测是汽车实现自动驾驶功能最为关键的一环。而为实现该功能服务的车载摄像头、毫米波雷达、激光雷达、超声波雷达等新型传感器，就成为 2022 年乃至更长时间段内最为核心的增量传感器。

更多数量的传感器上车，几乎成为业界共识。而阻碍传感器上车的关键有两点：一是传感器成本太高；二是传感器增多给车辆计算带来更高的压力。关于如何降低传感器价格，首先要推动应用数量规模增长，形成更大市场规模，从而为车厂带来更大的降价空间，还要实现技术和生产方式的突破。自动驾驶技术为智能传感器带来了更大的市场空间，也对传感器提出更加智能、更懂运算的要求，这将成为传感器企业技术研发的下一步重点。

——引自《中国电子报》

> ❓ **请思考：**
>
> 1. 针对我国汽车传感器行业起步时间不长、从业者技术相对薄弱的局面，要突破这个瓶颈，结合自身专业实际，谈谈你的想法。
>
> 2. 更多数量的传感器上车，能够给我国汽车产业带来什么好处？现在阻碍传感器上车的关键是什么？

学习任务一　温度传感器的检测

📖 学习情境概述

　　温度传感器指能感受温度并转换成可用输出信号的传感器。在汽车的各类温度传感器中，主要使用的是热敏式温度传感器。常见的汽车温度传感器有冷却液温度传感器、进气温度传感器、蒸发器出口温度传感器、车内环境温度传感器等。本次学习任务通过学习热敏式温度传感器的工作特性参数，完成热敏电阻的检测、汽车水温传感器的检测。

🛩 学习目标

知识目标：

1. 能讲述温度传感器的功用和类型。

2. 能讲述热敏电阻的类型和特点。

3. 能讲述 NTC 热敏电阻温度传感器的工作特性。

4. 能讲述冷却液温度传感器、进气温度传感器、蒸发器出口温度传感器的工作原理。

技能目标：

1. 能检测热敏电阻的特性。

2. 能检测冷却液温度传感器的特性并排除故障。

素养目标：

1. 规范实训 7S 管理。

2. 培养自主学习、团队合作能力。

3. 崇尚劳动，形成敢创新、敢挑战、爱岗敬业的职业精神。

📖 知识链接

一、温度传感器的类型

温度传感器指能感受温度并转换成可用输出信号的传感器，类型主要有热敏电阻式（见图 4-1-1）、金属热电阻式、绕线电阻式、半导体晶体管式等。在汽车的各类温度传感器中，主要使用的是热敏电阻式温度传感器。

图 4-1-1　热敏电阻式温度传感器

二、热敏电阻的特性

热敏电阻是敏感元件的一类，能将温度的变化变换为电阻的变化，可用于温度测量、温度控制和温度补偿。热敏电阻是半导体元件，按照温度系数不同分为正温度系数热敏电阻（PTC）和负温度系数热敏电阻（NTC）。

热敏电阻的典型特点是对温度敏感，不同的温度下表现出不同的电阻值。正温度系数热敏电阻在温度越高时电阻值越大；负温度系数热敏电阻在温度越高时电阻值越低，它们同属于半导体元件。图 4-1-2 所示为负温度系数热敏电阻。

图 4-1-2　负温度系数热敏电阻

目前汽车上使用的基本上是 NTC 热敏电阻，少量使用 PTC 热敏电阻。NTC 热敏电阻在不同温度下的变化范围，大体在 0.1~100kΩ，如图 4-1-3 所示。

温度传感器

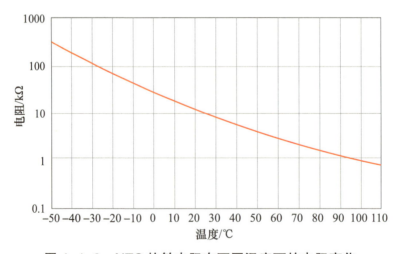

图 4-1-3　NTC 热敏电阻在不同温度下的电阻变化

三、热敏电阻式温度传感器的结构

热敏电阻式温度传感器的结构如图 4-1-4 所示，主要由热敏电阻、金属引线、接线插座和壳体等组成。

在传感器的壳体上制作有螺纹，以便安装与拆卸。接线插座分为单端子式和双端子式两种。发动机电控系统一般采用双端子式。仪表板上水温表所用的冷却液温度传感器则一般为单端子式，其壳体为传感器的负极搭铁。

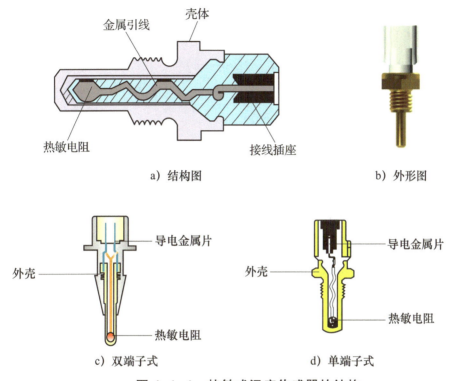

a) 结构图   b) 外形图

c) 双端子式   d) 单端子式

图 4-1-4　热敏式温度传感器的结构

四、热敏式温度传感器的应用及工作原理

1.冷却液温度传感器

冷却液温度传感器通常（又称水温传感器）安装在发动机缸体、缸盖的水套或节温器内并伸入水套中，用于检测发动机冷却液的温度，并将其温度信号输入给 ECU，为其修正喷油量和喷油正时提供依据。

冷却液温度传感器多采用负温度系数的热敏电阻，其控制电路如图 4-1-5 所示，ECU 中的固定电阻 R 与冷却液温度传感器的热敏电阻串联成一个分压器。

冷却液温度低时，热敏电阻的阻值大，电路中的

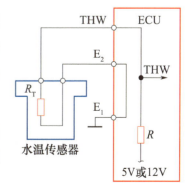

图 4-1-5　冷却液温度传感器控制电路

电流减小，固定电阻上的电压降较小，因此 ECU 检测到高的信号电压。根据此信号，ECU 将适当增大喷油量，满足发动机低温浓混合气的要求。随着冷却液温度的增高，热敏电阻的阻值逐渐减小，电路中的电流增大，固定电阻上的电压降逐渐增大，因此 ECU 检测到信号电压逐渐降低，根据此信号，ECU 将适当减少喷油量。图 4-1-6 为冷却液温度传感器特性曲线图。

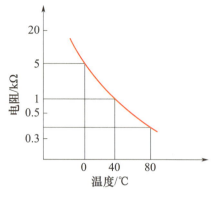

图 4-1-6　冷却液温度传感器特性曲线

2. 进气温度传感器

进气温度传感器的结构如图 4-1-7 所示，其功用是检测进气温度，并将温度信号转换为电信号送给 ECU。进气温度传感器的工作原理与冷却液温度传感器相同，大多是采用负温度系数热敏电阻。

图 4-1-7　进气温度传感器

3. 蒸发器出口温度传感器

蒸发器出口温度传感器也是用负热敏电阻作为温度检测元件的，安装在空调出风口处蒸发器的散热片上，其结构如图 4-1-8 所示，用于检测蒸发器表面温度，控制空调压缩机的工作状况，它的工作温度范围是 $20\sim60℃$。热敏电阻用导线与一个电子线路连接，当蒸发器出口温度变化时，热敏电阻的阻值即发生变化，通过控制电路，控制电磁离合器的通电与断电，使压缩机工作或者停机，从而调节车内的温度，并能防止蒸发器表面结霜。

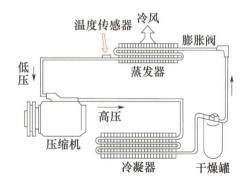

图 4-1-8　蒸发器出口温度传感器结构

========== 课后习题 ==========

一、单选题

1. 汽车常用的温度传感器的热敏元件是（　　　）。

    A. 正温度系数热敏电阻　　　　　　　　B. 负温度系数热敏电阻

    C. 常温热敏电阻　　　　　　　　　　　D. 以上都不是

2. 正温度系数热敏电阻特性是温度越高，电阻（　　　）。

    A. 越大　　　　　　B. 越小　　　　　　C. 不变　　　　　　D. 先变大后变小

3. 负温度系数热敏电阻特性是温度越高，电阻（　　　）。

    A. 越大　　　　　　B. 越小　　　　　　C. 不变　　　　　　D. 先变大后变小

4. 负温度系数热敏电阻称为（　　　）。

    A. PTC　　　　　　B. NPC　　　　　　C. NTC　　　　　　D. PPC

5. 正温度系数热敏电阻称为（　　　）。

    A. PTC　　　　　　B. NPC　　　　　　C. NTC　　　　　　D. PPC

二、判断题

1. 热敏传感器分为 NTC 和 PTC 两种类型。　　　　　　　　　　　（　　）

2. NTC 传感器常用作温度传感器。　　　　　　　　　　　　　　　（　　）

3. 发动机冷却液温度越高，冷却液温度传感器电阻越大。　　　　　（　　）

4. 进气温度传感器采用的是 NTC 电阻。　　　　　　　　　　　　　（　　）

5. PTC 和 NTC 可以互换。　　　　　　　　　　　　　　　　　　　（　　）

学习任务二　转速传感器的检测

📖 学习情境概述

　　转速传感器是将旋转物体的转速信号转换为电量输出的传感器，在汽车上有着广泛的应用。转速传感器的类型主要有磁电感应式、霍尔式、光电式。本次任务通过学习转速传感器的原理，完成磁电式曲轴、凸轮轴位置传感器的特性检测，以及霍尔开关、霍尔传感器、光电二极管、光电耦合元件、光电传感器的特性检测。

📌 学习目标

知识目标：

1. 能讲述磁电位置传感器的特点及应用、电磁感应的原理与磁电位置传感器工作原理。

2. 能讲述霍尔效应的原理以及霍尔转速、位置传感器的原理。

3. 能讲述光电耦合器的特点及工作原理、光电式转速传感器的组成及工作原理。

技能目标：

1. 能检测磁电式曲轴、凸轮轴位置传感器的特性。

2. 能检测霍尔开关的特性、霍尔传感器的特性并绘制波形图。

3. 能检测光电二极管的特性、光电耦合元件的特性、光电传感器的特性并描绘波形图。

素养目标：

1. 规范实训 7S 管理。

2. 培养自主学习、团队合作能力。

3. 崇尚劳动，形成敢创新、敢挑战、爱岗敬业的职业精神。

📖 知识链接一：磁电感应式传感器

一、磁电感应式传感器的认知

认识磁电式
传感器

磁电感应式传感器正常工作时无须外接电源，是利用磁电感应来测量物体转速的一种传感器。在新能源汽车领域，它用于测量驱动电机的转速，主要是依靠信号盘的铁齿感应线圈来产生输出信号。该传感器制造成本低、工作可靠、安装方便，在传统燃油发动机汽车和新能源汽车中都广泛使用。

二、电磁感应原理

磁电感应式传感器是以电磁感应原理为基础的。由法拉第电磁感应定律可知，线圈在磁场中运动切割磁力线或线圈所在磁场的磁通变化时，线圈中所产生的感应电动势大小取决于穿过线圈的磁通的变化率。

三、磁电位置传感器的工作原理

磁电位置传感器工作原理如图 4-2-1 所示，电机转子转动过程中，转盘上的磁极周期性地划过检测线圈，从而在检测线圈附近产生周期性的磁场变化，即线圈两端产生周期性的感应电压。控制单元根据线圈感应出的电流值和脉冲次数计算出电机转子的磁极位置和转速信号，作为电机的控制参考信号。

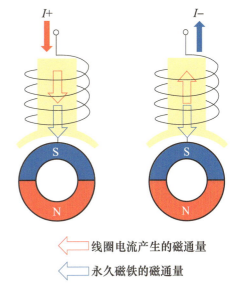

⬅ 线圈电流产生的磁通量

⬅ 永久磁铁的磁通量

图 4-2-1 磁电位置传感器工作原理

四、磁电感应式传感器的特点

磁电感应式传感器因为结构简单，运行过程无须供电，如图 4-2-2 所示。它输出的是交流电压信号，控制单元根据单位时间内电压脉冲的多少，计算出车轮的转速，从而间接测量出汽车的行驶速度。

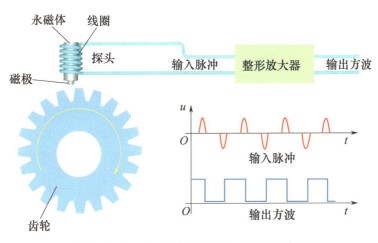

图 4-2-2 磁电传感器信号处理示意图

五、磁电位置传感器在汽车的应用

磁电位置传感器检测电机转子在运动过程中的位置，将转子磁钢磁极的位置信号转换成电信号，为逻辑开关电路提供正确的换相信号，以控制它们的导通与截止，使电机的电枢绕组中的电流随着转子位置的变化按次序换向，形成旋转磁场，驱动永磁转子连续不断地旋转。

磁电位置传感器在汽车上用于曲轴转速和位置、凸轮轴转速和位置、车轮转速、驱动电机的转速、变速器输出轴及输入轴转速等参数的检测。

认识霍尔式
传感器

📖 知识链接二：霍尔式传感器

一、霍尔式传感器的概述

由于霍尔元件产生的霍尔电势差很小，故通常将霍尔元件与放大器电路、温度补偿电路及稳压电源电路等集成在一个芯片上，称为霍尔式传感器，也称为霍尔集成电路。霍尔式传感器是根据霍尔效应制成的传感器，它有两个突出的优点：一是输出电压信号近似于方波信号；二是输出电压高低与被测物体的转速无关。霍尔式传感器与磁电感应式传感器的区别是需要外加电源。

二、霍尔效应

一个正常通电的导体中，如果对其施加一个垂直于电流流动方向的磁场，则在洛伦兹力的作用下，电子的运动轨迹将发生偏转，并在导体两侧产生电荷积累，形成垂直于电流和磁场方向的电场。最后电子受到的洛伦兹力与电场斥力相平衡，从而在两侧建立起一个稳定的电势差，即霍尔电压。这个现象就是霍尔效应，如图 4-2-3 所示。

图 4-2-3　霍尔效应

三、霍尔位置传感器的原理

霍尔位置传感器是由磁块和霍尔元件组成，如图 4-2-4 所示，霍尔元件放在磁导体的中间，磁场产生的磁力线可以穿过霍尔元件。磁块随着被测物体的运动而改变与霍尔元件的相对位置，此时磁力线穿过霍尔元件的角度就会发生变化，从而霍尔元件输出的电压也会产生相应的变化。

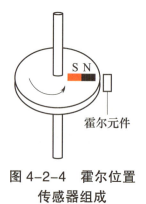

霍尔元件

图 4-2-4　霍尔位置
传感器组成

四、霍尔转速传感器的原理

霍尔转速传感器由霍尔元件和磁性转盘组成，如图 4-2-5 所示，磁性转盘与输出轴连接。当转轴旋转时，磁性转盘也随转轴以相同的转速转动，所以固定在磁性转盘附近的霍尔元件能感应到磁场的交替变化。霍尔元件会在每个小磁场经过时产生一个对应的脉冲电压，通过计算单位时间内产生的脉冲数，可以间接计算出被测轴的转速。

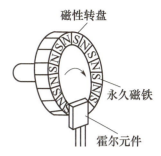

图 4-2-5 霍尔转速传感器

五、霍尔转速传感器在新能源汽车的应用

霍尔转速传感器在汽车上的应用范围与磁电传感器基本一致，但由于霍尔传感器输出信号是数字信号，比磁电传感器输出的模拟信号更准确，因此新能源汽车广泛应用霍尔转速传感器。

📖 知识链接三：光电式转速传感器

一、光电式转速传感器

光电式转速传感器是利用光电元件将光信号转换为电信号的一种传感器。它是利用半导体的光电效应，将光信号转换成电信号，以实现信息的变换和检测。光电式转速传感器的优点与霍尔式的相同，即输出方波信号，且输出的信号电压与信号盘的转速无关。但光电式转速传感器的工作也需要外加电源，且传感器中的光线对污染物比较敏感，需要密封传感器以保持良好的清洁环境。

二、光电耦合器

光电耦合器是以光为媒介传输电信号的一种电→光→电转换器件。它由发光源和受光器两部分组成，把发光源和受光器组装在同一密闭的壳体内，彼此间用透明绝缘体隔离。发光源的引脚为输入端，受光器的引脚为输出端。常见的发光源为发光二极管，受光器为光电二极管、光电晶体管等。光电耦合器的种类较多，常见有光电二极管型、光电晶体管型、光敏电阻型、光控晶闸管型、光电达林顿型、集成电路型等。其外形有金属圆壳封装、塑封双列直插等不同形式。图 4-2-6 所示是光电耦合的图形符号。

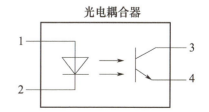

图 4-2-6 光电耦合的图形符号

三、光电耦合器的工作原理及特点

在光电耦合器输入端加电信号使发光源发光，光的强度取决于激励电流的大小，此光照射到封装在一起的受光器上后，因光电效应而产生了光电流，由受光器输出端引出，这样就实现了电→光→电的转换。

光电耦合器具有体积小、使用寿命长、工作温度范围宽、抗干扰性能强、无触点且输入与输出在电气上完全隔离等优点。

四、光电式转速传感器的工作原理及特点

光电式转速传感器主要由光源、光接收器、遮光盘和控制电路等组成，光源主要有白炽灯和发光二极管两种，光接收器主要有光敏电阻和光电晶体管两种。

当遮光盘缝隙对准发光二极管和光电晶体管时，发光二极管的光束照射到光电晶体管上时，光电二极管感光输出高电平；当遮光盘置于发光二极管和光电晶体管之间，遮光盘挡住发光二极管的光束，光电晶体管截止，控制电路输出低电平。在信号盘转动过程中，光电晶体管会产生连续的脉冲信号，对脉冲信号进行放大整形后，根据脉冲信号的周期和信号盘的叶片数（或间隙数）即可检测信号盘的转速。光电式转速传感器工作原理图如图 4-2-7 所示。

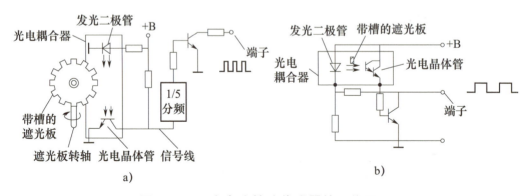

图 4-2-7 光电式转速传感器的工作原理

课后习题

一、单选题

1. 磁电感应式传感器是（ ）源传感器。

    A. 无   B. 有   C. 不确定

2. 磁电感应式传感器是以（　　　）原理为基础的。

    A. 电磁感应　　　　B. 霍尔效应　　　　C. 光电效应

3. 磁电位置传感器是将被测物体的机械能转变成为（　　　）输出。

    A. 电压信号　　　　B. 磁信号　　　　C. 电流信号　　　　D. 以上都对

4. 磁电式位置传感器的优点是（　　　）。

    A. 较高灵敏性　　　　　　　　　　B. 不受其他磁场干扰

    C. 可靠性高　　　　　　　　　　　D. A 和 C 都对

5. 磁电位置传感器可以测出时间物体的（　　　）。

    A. 转速　　　　　　B. 转矩　　　　　　C. 转角　　　　　　D. 以上都对

6. 霍尔电压与（　　　）有关。

    A. 外加磁场　　　　B. 外加电流　　　　C. 外加电压　　　　D. 外加转速

7. 霍尔传感器是利用（　　　）原理制成的。

    A. 电磁感应　　　　B. 霍尔效应　　　　C. 光电效应

8. 霍尔位置传感器利用触发叶片改变通过霍尔元件的磁场强度，从而使霍尔元件产生脉冲的霍尔（　　　）信号，即为霍尔位置传感器的输出信号。

    A. 光电　　　　　　B. 电阻　　　　　　C. 电压　　　　　　D. 电流

9. 霍尔位置传感器改变了（　　　）与霍尔元件的位置，霍尔元件输出的电压就会改变。

    A. 磁铁　　　　　　B. 铁块　　　　　　C. 铜块　　　　　　D. 以上都对

10. 霍尔位置传感器的信号波形频率随着发动机转速的升高而（　　　）。

    A. 变低　　　　　　B. 不变　　　　　　C. 变高　　　　　　D. 波动

11. 下列有关光电式转速传感器的说法错误的是（　　　）。

    A. 将转速变化转变为输出电压大小的变化

    B. 将转速变化转变为输出电脉冲频率的变化

    C. 需要直流电源供电

    D. 是一种数字式的转速传感器

12. 光电式转速传感器是利用（　　　）原理。

    A. 电磁感应　　　　B. 霍尔效应　　　　C. 光电效应

13. 光电式转速传感器是由光源、（　　　）、遮光盘和控制电路等组成。

    A. 光电耦合器　　　B. 光接收器　　　　C. 磁铁　　　　　　D. 叶片

14. 光电式转速传感器输出信号的数量（　　　）信号盘上缺口（叶片）的数量。

    A. 等于　　　　　　　B. 少于　　　　　　C. 多于　　　　　　D. 大于或等于

15. 光电耦合器件由（　　　）组成。

    A. 发光器件和光电器件　　　　　　　B. 光电器件和热敏器件

    C. 发光器件和光化学器件　　　　　　D. 光电器件和光电导器件

二、判断题

1. 磁电感应式传感器常用于测量转速，如车速信号。　　　　　　　　（　　　）

2. 磁电位置传感器制造成本低、工作可靠、安装方便。　　　　　　　（　　　）

3. 磁电感应式传感器运行过程，需要额外电源提供电。　　　　　　　（　　　）

4. 磁电位置传感器信号无须进行放大输出。　　　　　　　　　　　　（　　　）

5. 磁电感应式传感器输出的是微弱的交变电压信号。　　　　　　　　（　　　）

6. 霍尔元件都与磁场有关。　　　　　　　　　　　　　　　　　　　（　　　）

7. 霍尔转速传感器产生的信号是交流信号。　　　　　　　　　　　　（　　　）

8. 霍尔转速传感器输出的是电压信号。　　　　　　　　　　　　　　（　　　）

9. 霍尔位置传感器输出的是电流信号。　　　　　　　　　　　　　　（　　　）

10. 霍尔转速传感器与磁电感应式传感器都是属于有源器件。　　　　（　　　）

11. 光电式转速传感器中的波形为方波。　　　　　　　　　　　　　（　　　）

12. 光电式转速传感器是利用光电元件将光信号转换为电信号的一
种传感器。　　　　　　　　　　　　　　　　　　　　　　　　（　　　）

13. 光电式转速传感器输出的信号电压与信号盘的转速有关。　　　　（　　　）

14. 光电二极管是光电晶体管。　　　　　　　　　　　　　　　　　（　　　）

15. 光电式转速传感器是有源传感器。　　　　　　　　　　　　　　（　　　）

学习任务三　位置传感器的检测

📖 学习情境概述

    位置传感器可将被测物体的位置转换为输出信号。节气门位置传感器是汽车上的一个重要位置传感器，利用节气门开度（负荷）的大小，判定汽车发动机怠速、部分负荷、全负荷工况，实现不同的控制模式。常见的节气门位置传感器有触点开关式、线性电阻式和霍尔式。本次学习任务通过学习节气门位置传感器的工作特性，完成节气门位置传感器特性实训、电位器的检测。

✈ 学习目标

知识目标：

1. 能讲述节气门位置传感器的作用及分类。

2. 能讲述各种节气门位置传感器的结构及特点。

3. 能讲述各种节气门位置传感器的工作原理。

技能目标：

1. 能进行节气门位置传感器特性检测。

2. 能进行电位器检测。

素养目标：

1. 规范实训 7S 管理。

2. 培养自主学习、团队合作能力。

3. 崇尚劳动，形成敢创新、敢挑战、爱岗敬业的职业精神。

📖 知识链接

一、节气门位置传感器作用

节气门位置传感器（TPS）又称为节气门开度传感器或节气门开关，安装在节气门体上。其主要功用是将节气门打开的角度转换成电压信号输送到 ECU，以便在节气门不同开度状态时控制喷油量。根据运用原理的不同，节气门位置传感器有触点开关式（两极式）、线性电阻式（全程式）和霍尔式三种。图 4-3-1 所示为节气门位置传感器在汽车上的安装位置。

图 4-3-1 节气门位置传感器
安装位置

二、触点开关式节气门位置传感器

触点开关式节气门位置传感器由一个可动触点和两个固定触点（全负荷触点和怠速触点）构成，如图4-3-2所示。可动触点可沿导向凸轮沟槽移动，导向凸轮由固定在节气门轴上的控制臂驱动。

触点开关式节气门位置传感器与线性电阻式节气门位置传感器相比，其结构简单且价廉，但节气门开度的检测性差。

认识节气门
位置传感器

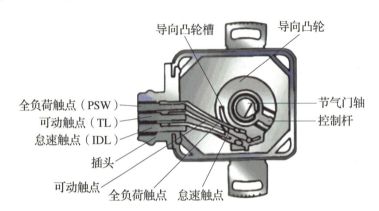

图4-3-2　触点开关式节气门位置传感器

三、线性电阻式节气门位置传感器

该传感器实质上是一个高灵敏度电位器，其电阻值随节气门开度的变化而变化。其结构如图4-3-3所示，主要由两个节气门轴联动的滑动触点、电阻、滑道和绝缘体等组成。

线性电阻式节气门的两个触点（或称触头）与节气门轴联动，一个触点可在电阻上滑动，利用电阻的变化将节气门位置信号转换成电压值 U_{TA}。因为其电压呈线性变化，如

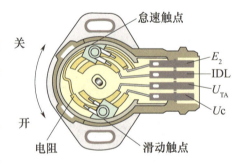

图4-3-3　线性电阻式节气门位置传感器结构

图4-3-4所示，所以叫作线性输出型节气门位置传感器。根据这个线性电压值，ECU可感知节气门的开度，使ECU进行喷油量修正，而另一个触点在节气门全关闭时与怠速触点IDL接触，IDL信号用来断油和点火提前角的控制。线性输出型节气门位置传感器又叫作可变电阻式或滑动电阻式传感器，它与ECU的连接电路如图4-3-5所示。

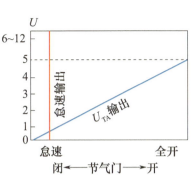

图 4-3-4 线性输出型节气门
位置传感器特性

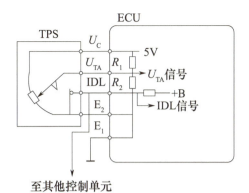

图 4-3-5 线性输出型节气门位置
传感器与 ECU 连接电路图

U_C—电源 U_{TA}—节气门位置传感器输出信号
IDL—怠速触点 E_2—接地

四、霍尔式节气门位置传感器

目前汽车发动机普遍采用霍尔式节气门位置传感器，它根据霍尔效应制成，是非接触型传感器，不易磨损、寿命长、可靠性高、反应灵敏、精度高、可适应各种极端行驶条件。

它主要由霍尔元件和磁铁组成，其中磁铁安装在节气门轴上，并可绕霍尔元件转动。

霍尔式节气门位置传感器的控制电路及信号输出的特性如图 4-3-6 所示。当节气门开度变化时，磁铁随之转动，从而改变了与霍尔元件之间的相对位置，霍尔集成电路由磁轭环绕。霍尔集成电路将磁通量产生的变化转换为电信号，并以节气门位置信号的形式将其输出至 ECU。

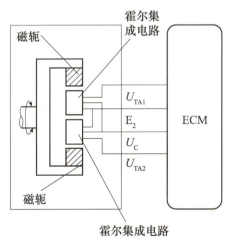

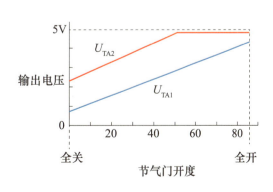

图 4-3-6 霍尔式节气门位置传感器

课后习题

一、单选题

1. 节气门传感器类型包括（　　）。

　　A. 触点开关式　　　B. 线性电阻式　　　C. 霍尔式　　　D. 以上都是

2. 节气门位置传感器称为（　　）。

　　A. ECU　　　　　　B. VTA　　　　　　C. TPS　　　　D. ABS

3. 节气门位置传感器中怠速触点称为（　　）。

　　A. VC　　　　　　B. VTC　　　　　　C. IDL　　　　D. E_2

4. 测量线性电阻式节气门位置传感器的（　　）值，可计算节气门开度。

　　A. 电流　　　　　　B. 电压　　　　　　C. 电阻　　　　D. 功率

5. 随着节气门开度的增大，线性电阻型节气门开度输出电压线性（　　）。

　　A. 先减小后增大　　B. 减小　　　　　　C. 不变　　　　D. 增大

二、判断题

1. 节气门位置传感器用于检测节气门的开启角度。　　　　　　　　（　　）

2. 霍尔式节气门位置传感器输出的是电流信号。　　　　　　　　　（　　）

3. 目前汽车上广泛应用的是触点开关式节气门位置传感器。　　　　（　　）

4. 节气门位置传感器的 IDL 信号主要用于断油控制和点火提前角
的修正。　　　　　　　　　　　　　　　　　　　　　　　　　（　　）

5. 节气门位置传感器的主要功用是将节气门打开的角度转换成电
压信号输送到 ECU。　　　　　　　　　　　　　　　　　　　（　　）

学习任务四　进气量传感器的检测

📖 学习情境概述

　　进气量传感器是汽车发动机重要的传感器，用于检测发动机的进气量，供
ECU 计算喷油量和点火正时。各种类型的进气量传感器都有一个重要特征，即
利用惠斯通电桥平衡原理间接测量空气流量。本次任务通过学习惠斯通电桥平
衡原理，完成流量传感器工作模块搭建、惠斯通电桥检测。

🖊 学习目标

知识目标：

1. 能讲述进气量传感器的作用与类型。

2. 能讲述进气压力传感器的工作原理。

3. 能讲述热线式空气流量传感器的测量原理。

4. 能讲述惠斯通电桥的原理。

技能目标：

1. 能检测惠斯通电桥平衡特性。

2. 能检测进气压力传感器特性。

3. 能检测热线式空气流量传感器特性。

素养目标：

1. 规范实训 7S 管理。

2. 培养自主学习、团队合作能力。

3. 崇尚劳动，形成敢创新、敢挑战、爱岗敬业的职业精神。

📖 知识链接一：进气压力传感器

一、进气压力传感器的概述

进气压力传感器也称进气歧管压力传感器，简称 MAP，应用在 D 型电控燃油喷射系统中。该传感器测量进气歧管内的压力，并将压力信号转变成电信号输送给发动机控制模块，作为发动机基本喷油量和基本点火提前角的主要信号。

二、进气压力传感器安装位置

进气压力传感器通常有以下两种安装位置：

1）直接安装在进气总管或进气歧管上，如图 4-4-1 所示。

2）用软管连接安装在节气门体上，如图 4-4-2 所示。

进气压力传感器

图 4-4-1　直接安装

图 4-4-2　用软管连接安装

三、进气压力传感器的作用

该传感器把进气歧管内的压力变化转化为电信号，间接反映发动机进气量，和发动机转速信号一起送入发动机控制模块，据此确定基本喷油量。

四、进气压力传感器的种类

进气压力传感器种类较多，有压敏电阻式（见图 4-4-3）、真空膜盒式（见图 4-4-4）、电容式（见图 4-4-5）等。由于压敏电阻式具有响应时间快、检测精度高、尺寸小且安装灵活等优点，因而被广泛用于 D 型喷射系统中。

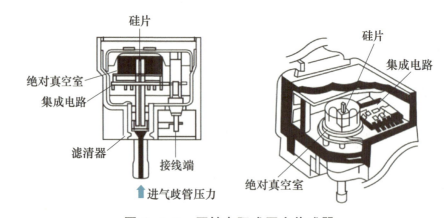

图 4-4-3　压敏电阻式压力传感器

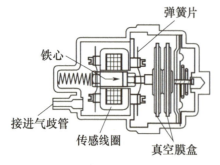
图 4-4-4　真空膜盒式进气压力传感器

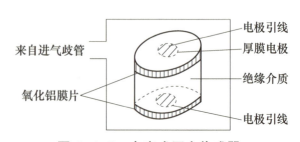
图 4-4-5　电容式压力传感器

五、进气压力传感器的工作原理

进气压力传感器检测的是节气门后方的进气歧管的绝对压力，它根据发动机转速和负荷的大小检测出歧管内绝对压力的变化，然后转换成信号电压送至电子控制器（ECU），ECU 依据此信号电压的大小，控制基本喷油量的大小。

六、压敏电阻式进气压力传感器的工作原理

图 4-4-6a 中应变电阻为 R，图 4-4-6b 中，应变电阻 R_1、R_2、R_3、R_4 构成惠斯通电桥并与硅膜片粘接在一起，硅膜片在歧管内的真空度作用下会产生变形，从而引起应变电阻阻值的变化，歧管内的绝对压力越高，硅膜片的变形越大，从而电阻的阻值变化也越大，即把硅膜片机械式的变化转变成了电信号，再由集成电路放大后输出至 ECU。

惠斯通电桥（又称单臂电桥）是一种可以精确测量电阻的仪器。图 4-4-7 所示为一个通用的惠斯通电桥。电阻 R_1、R_2、R_3、R_x 叫作电桥的四个臂，G 为检流计，用以检查它所在的支路有无电流。当 G 无电流通过时，称电桥达到平衡。平衡时，四个臂的阻值满足一个简单的关系 $R_x/R_1 = R_3/R_2$，利用这一关系就可测量电阻。

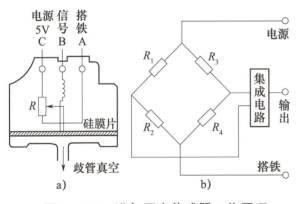

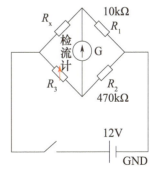

认识惠斯通电桥

图 4-4-6 进气压力传感器工作原理　　图 4-4-7 惠斯通电桥

七、进气压力传感器的输出特性

发动机工作时，随着节气门开度的变化，进气歧管内的真空度、绝对压力以及输出信号特性曲线均在变化。进气压力传感器与 ECU 连接的电路如图 4-4-8 所示，PIM 为传感器输出信号电压，其与歧管绝对压力值的关系如图 4-4-9 所示。U_C 为 ECU 供电电压，正常范围 4.5~5V，E_1 为 ECU 搭铁，E_2

为传感器至 ECU 搭铁。

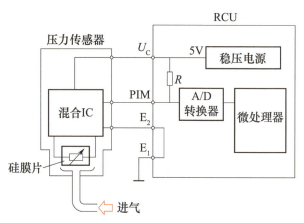

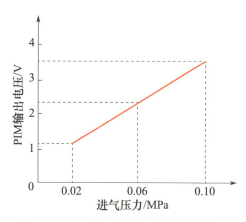

图 4-4-8　进气压力传感器与 ECU 连接的电路　　图 4-4-9　传感器输出特性曲线

D 型喷射系统中检测的是节气门后方的进气歧管内的绝对压力。节气门的后方既反映了真空度又反映了绝对压力。在大气压力不变的条件下（标准大气压力为 101.3kPa），歧管内的真空度越高，反映歧管内的绝对压力越低，真空度等于大气压力减去歧管内绝对压力的差值。而歧管内的绝对压力越高，说明歧管内的真空度越低，歧管内绝对压力等于歧管外的大气压力减去真空度的差值，即大气压力等于真空度和绝对压力之和。理解了大气压力、真空度、绝对压力的关系后，进气压力传感器的输出特性就明确了。发动机工作中，节气门开度越小，进气歧管的真空度越大，歧管内的绝对压力就越小，输出信号电压也越小。节气门开度越大，进气歧管的真空度越小，歧管内的绝对压力就越大，输出信号电压也越大。输出信号电压与歧管内真空度的大小成反比（负特性），与歧管内绝对压力的大小成正比（正特性），如图 4-4-9 所示。

📖 知识链接二：空气流量传感器

一、空气流量传感器的作用、分类及安装位置

1. 作用

如图 4-4-10 所示，空气流量传感器的主要作用是对进入气缸的空气流量进行测量，并把空气流量传感器的信号输送给 ECU，作为决定喷油器基本喷油量和基本点火提前角的主控信号。当发动机节气门开大、进气量增加时，喷油量增大，同时，为防止发动机大负荷发生爆燃，点火提前角减小；当进气量减小

时，喷油量减小，点火提前角增大。

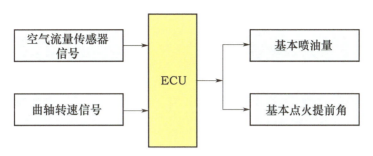

图 4-4-10 空气流量传感器的作用

2. 分类

（1）按照检测方式分类 电控燃油喷射系统中按进气量的检测方式分类：一种是采用直接测量进气量的传感器，如图 4-4-11a 所示，采用该方法检测空气流量的称为"L 型"燃油喷射系统；另一种是采用间接测量进气歧管的绝对压力，然后再换算出相应的进气量，如图 4-4-11b 所示，采用该方法检测空气流量的称为"D 型"燃油喷射系统。

a）直接测量   b）间接测量

图 4-4-11 空气流量传感器分类

（2）L 型空气流量传感器的分类 L 型空气流量传感器按检测空气流量的参数不同，可以分为体积流量型和质量流量型。按结构不同，可以分为翼片式（又称叶片式或翼板式）、量芯式、卡门旋涡式（又分为超声波式和发光镜式）和热线式（或热膜式）。翼片式和卡门旋涡式属于体积流量型传感器，必须同时检测进气温度才能计算出空气质量流量；而热线式（或热膜式）属于质量流量型传感器，可直接测出空气质量流量。由于翼片式和卡门涡流式空气流量传感器已经淘汰，以下只介绍热线式（或热膜式）空气流量传感器。

3. 安装位置

L 型空气流量传感器一般安装在空气滤清器后，节气门体前；D 型进气歧管压力传感器一般安装在进气总管或进气歧管上，如图 4-4-12 所示。

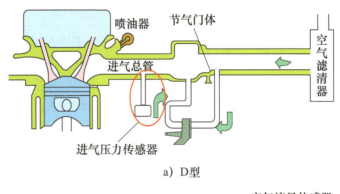

a）D 型

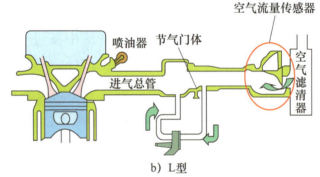

b）L 型

图 4-4-12　空气流量传感器安装位置

二、热线式空气流量传感器

1. 结构与组成

热线式空气流量传感器的基本结构由感知空气流量的（铂金属）热线、根据进气温度进行修正的温度补偿电阻（冷线）、控制热线电流并产生输出信号的控制电路板以及空气流量传感器的壳体等零件组成。根据（铂金属）热线在壳体内安装部位的不同，热线式空气流量传感器分为主流测量方式和旁通测量方式两种结构形式。

图 4-4-13a 所示为主流测量方式的热线式空气流量传感器，主要由取样管、（铂金属）热线、温度补偿电阻、控制电路板插接器和防护网等组成。热线用铂金属制成，安放在取样管中。取样管安置在主进气道中央，两端有金属防护网，防护网用卡扣固定在壳体上。控制电路板通过插接器、电路与发动机 ECU 连接，以传递信号。前端的防护网起到过滤杂质及稳流作用，后端的防护网起到防回火功能。

图 4-4-13b 所示为旁通测量方式的热线式空气流量传感器。它与主流测量

方式的热线式空气流量传感器的主要区别是铂金属热线和温度补偿电阻（冷线）安置在旁通气道上。热线和温度补偿电阻是用铂丝绕在瓷螺线管上制成的。旁通测量方式可以减小发动机的进气阻力。

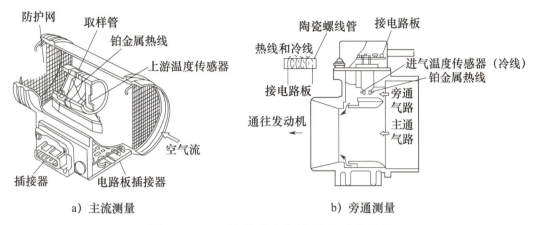

a）主流测量   b）旁通测量

图 4-4-13　热线式空气流量传感器结构

2. 工作原理

（1）测量原理　热线式空气流量传感器采用热平衡原理来检测空气流量。根据热平衡原理：当热线表面温度与空气温度差值恒定时，空气流量与热线电流大小成单值关系。因此，通过测量热线电流的大小，便可以计算出空气流量。当空气流量变化时，控制电路通过惠斯通电桥（单臂电桥）平衡原理，控制热线电流大小来维持上述恒定温差。如图 4-4-14 所示，R_K 是温度补偿电阻；R_H 是热线电阻；R_B 是桥电阻；R_A 是精密测量电阻；A 是控制电路。ECU 通过测量 R_A 两端电压测量热线电流大小，进一步计算出空气流量。

惠斯通电桥工作原理：当 $R_K/R_B = R_H/R_A$ 时，$U_{ab} = 0$，电桥处于平衡状态；当 $R_K/R_B \neq R_H/R_A$ 时，$U_{ab} \neq 0$，电桥处于不平衡状态。

当空气流量增多时，空气流经热线表面，带走热量，热线温度降低，R_H 阻值下降，此时，$U_{ab} \neq 0$，惠斯通电桥处于不平衡状态。控制电路 A 检测到电桥不平衡，便加大控制电压使热线电流 I_H 加大，热线表面温度又上升，电桥趋于平衡。此时，R_A 两端电压增加，ECU 感知到空气流量增加。反之，当进气量减少时，热线电流减小，R_A 两端电压减小，ECU 感知到空气流量减少。

（2）温度补偿原理　当空气流量不变时，进气温度的变化会引起热线阻值的变化，使空气流量传感器产生测量误差。为防止进气温度发生变化时影响测量精度，热线式空气流量传感器设置了温度补偿电阻 R_K，由于温度补偿电阻和热线电阻温度系数相同，当进气温度变化时，其阻值同比例增长，因此，不会影响惠斯顿电桥的平衡状态，热线电流保持不变。其温度补偿原理如图4-4-14所示。

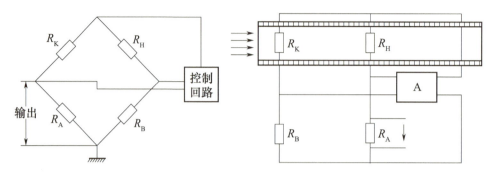

图4-4-14　热线式空气流量传感器工作原理

A—混合集成电路　R_H—热线电阻　R_K—温度补偿电阻　R_A—精密电阻　R_B—电桥电阻

三、热膜式空气流量传感器

热膜式空气流量传感器结构如图4-4-15所示，它的发热元件是固定在薄树脂上的铂金属膜，一般不需要自清洁，所以没有自清洁信号端子。热膜式空气流量传感器与热线式空气流量传感器工作计量原理相似。

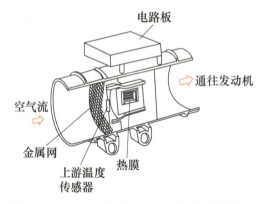

图4-4-15　热膜式空气流量传感器结构

▬▬▬　**课后习题**　▬▬▬

一、单选题

1.汽车常用的压力传感器的元件是（　　　）。

　　A.热敏电阻　　　　　　　　　　B.压敏电阻

　　C.压电陶瓷　　　　　　　　　　D.以上都不是

2. 进气歧管绝对压力传感器压力越高，电阻（　　）。

    A. 越大　　　　　　B. 越小　　　　　　C. 不变　　　　　　D. 先变大后变小

3. 进气歧管绝对压力传感器压力越高，膜片变形（　　）。

    A. 越大　　　　　　B. 越小　　　　　　C. 不变　　　　　　D. 先变大后变小

4. 惠斯通电桥中 G 点称为（　）。

    A. 中心点　　　　　B. 偏心点　　　　　C. 检流点　　　　　D. 以上都不是

5. 惠斯通电桥中，当 G 点无电流通过时，称电桥达到（　　）。

    A. 侧倾　　　　　　B. 平衡　　　　　　C. 失衡　　　　　　D. 以上都不是

6. 热线式空气流量计的工作温度是（　　）。

    A. 80℃　　　　　　B. 200℃　　　　　C. 150℃　　　　　D. 400℃

7. 热线式空气流量传感器中含有（　　）模块。

    A. 热敏电阻　　　　B. 压敏电阻　　　　C. 惠斯通电桥　　　D. 压电电阻

8. 热线式空气流量传感器中热线温度越高，进气量（　　）。

    A. 越大　　　　　　B. 越小　　　　　　C. 不变　　　　　　D. 先变大后变小

9. 热线式空气流量传感器中热线温度越低，进气量（　　）。

    A. 越大　　　　　　B. 越小　　　　　　C. 不变　　　　　　D. 先变大后变小

10. 热线式空气流量传感器中含有（　　）。

    A. 热敏电阻　　　　　　　　　　　　　B. 压敏电阻

    C. 温度补偿电阻　　　　　　　　　　　D. 以上都不是

二、判断题

1. 进气歧管压力传感器安装在进气总管或进气歧管上时，可以通

    过软管连接。　　　　　　　　　　　　　　　　　　　　（　　）

2. 进气压力传感器检测进气量是直接检测。　　　　　　　　（　　）

3. 进气压力传感器类型较多，其中压敏电阻式具有响应时间快、检

    测精度高、尺寸小、安装灵活等优点，因此应用广泛。　　（　　）

4. 压敏电阻式进气压力传感器靠 4 个应变电阻组成的惠斯通电桥

    检测膜片的形变，从而换算出进气量。　　　　　　　　　（　　）

5. 进气压力传感器信号输出电压随着进气歧管真空度增大而减小。（　　）

6. 装在节气门与空气滤清器之间的流量传感器一般是流量型传

    感器。　　　　　　　　　　　　　　　　　　　　　　　（　　）

7. 汽车上广泛应用的空气流量传感器有热线式和热膜式空气流量
   传感器。   （   ）

8. 热线式和热膜式空气流量传感器工作原理类似。   （   ）

9. 热线式空气流量传感器需要与进气温度传感器配合计量空气
   流量。   （   ）

10. 当进气温度恒定，进气量增大时，通过热线式空气流量传感器
    热线的电流将会减小。   （   ）

学习任务五　电磁阀的控制原理与检测

📖 学习情境概述

　　汽车电磁阀是一种依靠电磁力自动开启和关闭的开关，是汽车电子控制系统的重要执行元件。按其功能可分为换档电磁阀、锁止电磁阀和调压电磁阀，按工作方式可分为开关电磁阀和脉冲电磁阀。本次任务通过学习喷油器的控制原理和工作原理以及 EVAP 的工作原理，完成电磁阀工作电路的检测。

✈ 学习目标

知识目标：

1. 能讲述喷油器的安装位置与结构。
2. 能讲述喷油器的工作原理。
3. 能讲述 EVAP 系统的作用、组成与原理。
4. 能讲述炭罐电磁阀的结构与原理。

技能目标：

1. 能正确检测喷油器及喷油控制电路。
2. 能分析并检测电磁阀工作情况。

素养目标：

1. 规范实训 7S 管理。
2. 培养自主学习、团队合作能力。

3.崇尚劳动，形成敢创新、敢挑战、爱岗敬业的职业精神。

📖 知识链接一：喷油器

喷油器及喷油器控制

一、汽油发动机喷油器结构与类型

1.安装位置

如图 4-5-1 所示，喷油器一般安装在进气歧管上，称为歧管喷射。现在很多汽车采用缸内直喷，喷油器直接安装在气缸上，喷油嘴伸入气缸中。

以丰田卡罗拉 1ZR-FE 发动机为例，如图 4-5-2 所示，该发动机采取的是多点电喷的供油方式，喷油器安装在每个气缸的进气管上。

a）歧管喷射　　b）缸内喷射　　　　　　　　　喷油器

图 4-5-1　汽油发动机喷射方式　　图 4-5-2　喷油器的安装位置

2.轴针式喷油器的结构

轴针式喷油器的结构如图 4-5-3 所示，主要由滤网、电插头、电磁阀线圈和回位弹簧、衔铁、喷油针阀、壳体等组成。

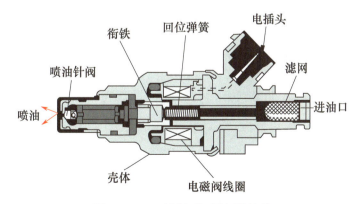

图 4-5-3　轴针式喷油器结构

3.进气歧管喷射式喷油器类型

（1）按照结构分类　如图 4-5-4 所示，喷油器按照结构分为轴针式、球阀式和片阀式三种。

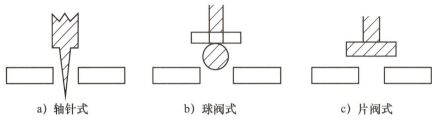

a）轴针式　　　　b）球阀式　　　　c）片阀式

图 4-5-4　汽油发动机喷油器分类

（2）**按照线圈电阻分类**　喷油器按照线圈的电阻值可分为高阻（电阻为 12~17Ω）和低阻（电阻为 2~3Ω）两种。

（3）**按照驱动方式分类**　按照驱动方式不同可以分为电流驱动和电压驱动（类同阻值分类），如图 4-5-5 所示。

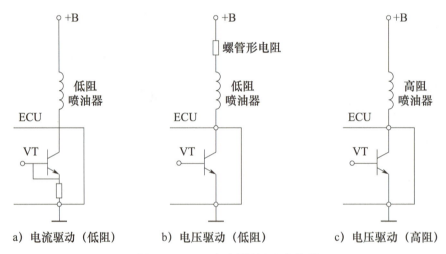

a）电流驱动（低阻）　　　b）电压驱动（低阻）　　　c）电压驱动（高阻）

图 4-5-5　喷油器按驱动分类

二、汽油发动机喷油器工作原理

如图 4-5-6 所示，喷油器实际上是一个电磁阀，其喷嘴对着进气门（进气歧管喷射），其尾部接燃油分配管。当发动机 ECU 以电脉冲的形式发出喷油指令后，喷油器内部的电磁线圈通电而产生磁性，使其喷孔开启，从而将燃油喷入发动机。当 ECU 的喷油指令结束后，喷孔又在复位弹簧作用下关闭，喷油过程立即停止。喷孔开启的持续时间（即喷油量）由 ECU 所发出的电脉冲的宽度决定。

如图 4-5-6 所示，电压驱动式控制电路的工作原理比较简单，电源电路向喷油器提供电源电压（12~14V），ECU 通过脉冲信号来控制功率晶体管的导通与截止，从而控制喷油器电路的通断。脉冲信号的宽度决定了喷油器电路的导通时间，即决定了喷油时间或喷油量。由于喷油器电路被切断时，其电磁线圈会产生感应电动势，容易造成功率晶体管被击穿，因此，电路中一般都设有消弧回路。

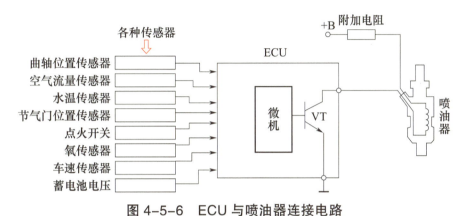

图 4-5-6　ECU 与喷油器连接电路

三、喷油器喷油波形

1. 喷油器波形类型

喷油器的控制方式有四种基本类型：饱和开关型、峰值保持型、脉冲宽度调制型和 PNP 型。不同类型的喷油器产生的波形不同。

2. 喷油器波形分析

关断尖峰随不同汽车制造商和发动机系列而不同，正常的范围为 30~100V，有些喷油器的峰值被钳位二极管限制在 30~60V，匝数较少的喷油器线圈通常产生较短的关断峰值电压，甚至不出现尖峰，如图 4-5-7 所示。饱和开关型喷油器控制应用广泛。

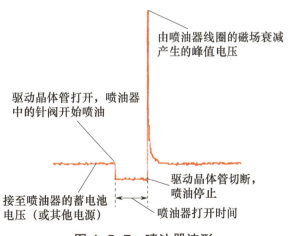

图 4-5-7　喷油器波形

📖 知识链接二：炭罐电磁阀

一、汽油蒸气排放控制系统

由于汽油具有较强的挥发特性，因此，汽车在使用过程中由于温度和环境压力的变化会造成汽油的挥发和泄漏。为了满足节油、环保的要求，汽车上都装配有汽油蒸气排放控制系统。

二、燃油蒸发控制系统

1. 作用

燃油蒸发控制（Evaporative Emission Control，EVAP）系统功用是将汽油蒸气从燃油箱导入炭罐，以便在发动机不运行时储存汽油蒸气。当发动机达到一定运行条件时，炭罐中的汽油蒸气被吸入发动机进气歧管并进入气缸燃烧。EVAP 系统能保证汽油蒸气不会排放到大气中，又能充分利用汽油蒸气，节约了能源。

2. 分类

1）按照 EVAP 系统能否检测系统泄漏可分为非增强型和增强型两种。非增强型只控制燃油蒸发的净化量，但不能检测系统是否存在泄漏；增强型既可以控制燃油蒸发的净化量，又可以检测系统是否存在泄漏。

2）按照 EVAP 系统的控制方式可分为真空控制式和 ECU 控制式两种。早期的车上普遍采用真空控制式，利用气门前方的真空度来控制燃油蒸气的净化量；现在的轿车通常采用 ECU 控制式，利用占空比型电磁阀控制燃油蒸气的净化量。

3）按照 EVAP 系统能否吸附加注燃油时产生的油气可分为普通 EVAP 系统和具备车载燃油加注油气回收功能的 EVAP 系统。

3. 组成与工作原理

燃油蒸发控制系统主要由活性炭罐、炭罐控制电磁阀、燃料止回阀及燃油蒸气通气管路等组成，如图 4-5-8 所示。油箱的燃油蒸气通过单向阀进入活性炭罐上部，空气从炭罐下部进入清洗活性炭，在炭罐右上方有一定量排放小孔及受真空控制的排放控制阀，排放控制阀内部的真空度由炭罐控制电磁阀控制。

发动机工作时，ECU 根据发动机转速、温度、空气流量等信号，控制炭罐电磁阀的开闭来控制排放控制阀上部的真空度，从而控制排放控制阀的开度。当排放控制阀打开时，燃油蒸气通过排放控制阀被吸入进气歧管。

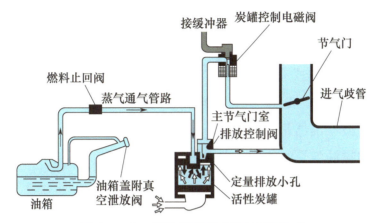

图 4-5-8　燃油蒸发控制系统的组成

炭罐电磁阀

三、活性炭罐的结构

图 4-5-9 为活性炭罐的结构示意图，部分 EVAP 系统的活性炭罐内还装有通气阀。这是一种膜片阀，它的上部为真空室，其真空度由 ECM 通过炭罐清污电磁阀进行控制。当真空度增大时，膜片向上拱曲，通过主通气口的清洁气体流量增加。

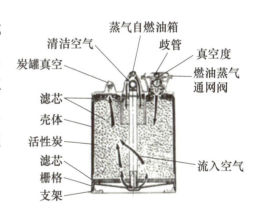

图 4-5-9　活性炭罐的结构示意图

四、炭罐电磁阀的结构

图 4-5-10 为炭罐电磁阀的结构示意图，两通气口式炭罐清污电磁阀的结构与工作原理与开关电磁式怠速控制阀相似。使用这种炭罐清污电磁阀的 EVAP 系统中，一般无炭罐通气阀，直接通过炭罐清污电磁阀的开关占空比来控制通气量。

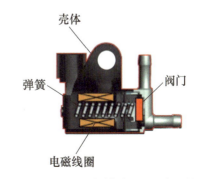

图 4-5-10　炭罐电磁阀的结构

课后习题

一、判断题

1. 低阻值喷油器电阻一般在 2~3 Ω。 （　　）

2. 喷油器实际上是一个电磁阀，喷油量由发动机 ECU 控制，与发动机转速等相关。 （　　）

3. 喷油器的控制方式有四种基本类型：饱和开关型、峰值保持型、脉冲宽度调制型、PNP 型。不同类型的喷油器产生的波形不同。 （　　）

4. 电压驱动型喷油器都是高阻型。 （　　）

5. 喷油器的喷油波形是有需要调制的。 （　　）

6. 燃油蒸发控制系统简称 EVAP。 （　　）

7. 燃油蒸发控制系统中活性炭罐在达到条件的情况下才会工作。 （　　）

8. 所有 EVAP 系统的活性炭罐内都装有通气阀。 （　　）

9. EVAP 系统的活性炭罐电磁阀一般由 ECU 控制。 （　　）

10. 炭罐电磁阀的开启时间是由占空比的大小决定的。 （　　）

二、单选题

1. 按照燃油的喷射位置，喷射方式大致分为单点喷射、多点缸外喷射和（　　）。

　　A. 独立喷射　　　　B. 分组喷射　　　　C. 同时喷射　　　　D. 多点缸内喷射

2. 对喷油器的要求有较强的抗堵塞、抗污染能力，较好的密封性，较好的燃油喷射的雾化性以及（　　）。

　　A. 良好的动态流量稳定性　　　　　　B. 良好的抗爆性能

　　C. 良好的抗高温性能　　　　　　　　D. 良好的自清洁能力

3. 按照各喷油器的工作特点，喷射方式也大致分为三种类型：（　　）、分组喷射和同时喷射。

　　A. 独立喷射　　　　　　　　　　　　B. 分组喷射

　　C. 同时喷射　　　　　　　　　　　　D. 多点缸内喷射

4. 按照各缸工作顺序，多数汽车喷油顺序为（　　）。

　　A. 1—3—4—2　　　B. 1—2—4—3　　　C. 1—2—3—4　　　D. 3—2—1—4

5. 喷油器的喷孔有孔式、（　　）、片阀式等多种形式。

　　A. 网状式　　　　B. 轴针式　　　　C. 球阀式　　　　D. 锥形式

6. 汽油发动机的排放污染物主要是碳氢化合物（　　）、一氧化碳（CO）和氮氧化合物（NO_x）。

    A. CO_2　　　　　　B. NO_2　　　　　　C. HC　　　　　　D. S_2O

7. （　　）控制系统用来收集燃油蒸气，并将它们适时送入进气歧管与空气混合，然后进入燃烧室燃烧，以减少未燃 HC 的排放。

    A. EVAP　　　　　　B. EGR　　　　　　C. PCV　　　　　　D. TWC

8. 电子控制的 EVAP 系统主要由燃油箱、（　　）、炭罐清洗电磁阀以及连接管路等部件组成。

    A. 活性炭罐　　　　　　B. 催化转化器　　　　C. 二次喷射装置

9. 活性炭罐收取的燃油蒸气来自（　　）。

    A. 曲轴箱　　　　　　B. 燃油箱　　　　　　C. 排气管　　　　　　D. 加油口

10. 如果发动机转速增加，活性炭罐信号占空比应（　　）。

    A. 增加　　　　　　B. 减小　　　　　　C. 相同　　　　　　D. 不一定

学习领域五

新能源汽车高压系统认知

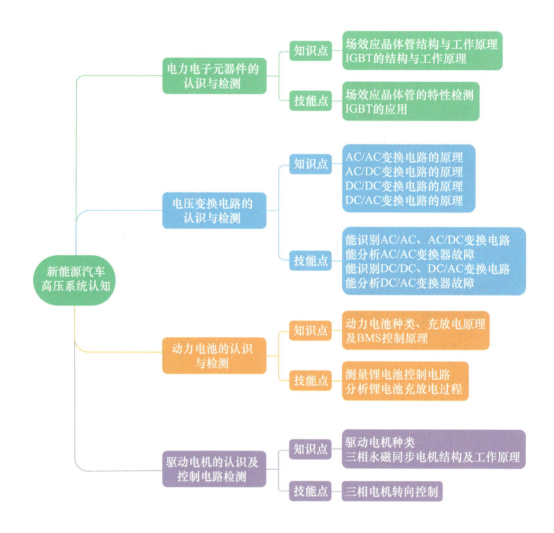

创新引领新能源汽车蓬勃发展

　　动力电池被称为新能源汽车的"心脏"。10多年技术储备，3年攻关，一朝突破——这是一家中国企业为研制动力电池最关键的单晶三元材料而走过的历程。中国企业在关键材料上的技术突破，不仅让动力电池这颗"心脏"更加强劲，也

充分彰显了我国新能源汽车产业蓬勃发展的好势头。

发展新能源汽车是我国从汽车大国迈向汽车强国的必由之路，是应对气候变化、推动绿色发展的战略举措。近年来，我国新能源汽车进入加速发展新阶段，销量连续 5 年居全球第一，累计推广超 480 万辆，占全球一半以上。2020 年，汽车市场受到较大冲击，但新能源汽车产销量同比分别增长 7.5% 和 10.9%，全行业披露融资总额首次突破千亿元。

从消费和使用角度看，新能源汽车之"新"，不仅新在能源，更新在对交通出行方式的改变。电动化、智能化、网联化趋势不可阻挡，从自动驾驶到智能座舱，从人车交互到远程操控，新能源汽车智能化程度不断提高，打造出更加舒适、便捷、智慧的驾乘体验。

从供给和生产角度看，新能源汽车带来的不仅是行业之变，更是"生态"之变。新能源汽车产业正由零部件、整车研发生产及营销服务企业之间的"链式关系"，逐步演变成汽车、能源、交通、信息通信等多领域多主体参与的"网状生态"。新能源汽车是技术密集型产业，唯有创新方能行稳致远。我国新能源汽车产业拥有诸多优势，但在汽车芯片、制造工艺等领域也存在短板。

——引自《人民日报》

？请思考：

1. 请谈谈我国新能源汽车产业的优势和不足。

2. 作为新时代的技术技能人才，请结合自身实际，谈谈自己的体会。

学习任务一　电力电子元器件的认识与检测

📖 学习情境概述

电子元器件场效应晶体管和 IGBT 被广泛应用于新能源汽车领域中。场效应晶体管的功能相当于电路中的"继电器"，控制单元根据各传感器的信号运算后，输出相应电压信号，从而控制场效应晶体管导通或者断开，实现控制对应电路模块。IGBT 主要应用是将大功率直流电转化成交流电。本次学习任务通过学习场效应晶体管、IGBT 的原理，完成场效应晶体管质量检测和搭建 IGBT 电路，分析场效应晶体管、IGBT 的工作特性和作用。

◁ 学习目标

知识目标：

1. 能讲述场效应晶体管的工作原理。

2. 能讲述场效应晶体管的开关作用。

3. 能讲述 IGBT 的工作原理。

技能目标：

1. 能检测场效应晶体管的质量。

2. 能分析与验证场效应晶体管、IGBT 的工作特性。

素养目标：

1. 规范实训 7S 管理，养成良好的新能源汽车维修职业素养。

2. 培养自主学习、团队合作能力。

3. 崇尚劳动，形成敢创新、敢挑战、爱岗敬业的职业精神。

📖 知识链接一：场效应晶体管

一、场效应晶体管的概述

场效应晶体管是利用控制输入回路的电场效应来控制输出回路电流的一种半导体器件，属于电压控制型半导体器件。它具有输入电阻高、噪声小、功耗低、动态范围大、易于集成、没有二次击穿现象、安全工作区域宽等优点。场效应晶体管分为结型场效应晶体管（JFET）和绝缘栅场效应晶体管（MOS 管）两大类。

二、场效应晶体管的结构与符号

场效应晶体管有三个电极，分别是漏极 D、栅极 G 和源极 S，如图 5-1-1 所示，相当于晶体管的集电极、基极和发射极。场效应晶体管与晶体管类似，也分有两种：N 沟道场效应晶体管和 P 沟道场效应晶体管。其主要作用是用栅极

G 的输入电压来控制漏极 D 和源极 S 之间的导通或截止。

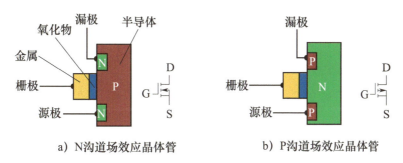

a）N沟道场效应晶体管　　　　　b）P沟道场效应晶体管

图 5-1-1　场效应晶体管结构

三、场效应晶体管的工作原理

1. 场效应晶体管的工作原理

以 N 沟道场效应晶体管为例说明其工作原理：场效应晶体管的栅极没有电压输入，漏极连接电源正极，源极连接电源负极，如图 5-1-2 所示。此时，漏极的 N 型半导体材料与 P 型半导体材料构成了 PN 结的反向偏置。在源极与漏极之间不会有电流流过，令场效应晶体管处于截止状态。

当栅极接通正电压时，如图 5-1-3 所示，由于电场的作用，把 P 型半导体内的负电子吸收出来，并且使自由电子汇集在漏极与源极之间的 P 型半导体附近，有利于源极与漏极的连通。最后由于漏极与源极存有电压差，电子定向流动，使源极和漏极之间有电流流动。P 沟道 MOS 场效应晶体管的工作过程与之相似，这里不再赘述。

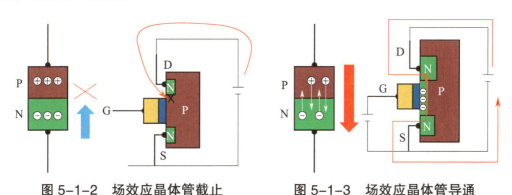

图 5-1-2　场效应晶体管截止　　　　**图 5-1-3　场效应晶体管导通**

2. 场效应晶体管的输出特性曲线

功率 MOSFET 的输出特性如图 5-1-4 所示，分为三个工作区：截止区、饱和区和非饱和区。

（1）**截止区** $U_{GS}<U_T$，$I_D=0$。

（2）**饱和区** 或称为有源区，$U_{GS}>U_T$，在该区中当 U_{GS} 不变时，I_D 几乎不随 U_{DS} 的增加而加大，近似于一个常数，故称为饱和区。当用于开关工作时，MOSFET 在此区内运行。

（3）**非饱和区** 或称为可调电阻区，这时漏源电压 U_{DS} 与漏极电流 I_D 之比近似为常数，而几乎与 U_{GS} 无关。当 MOSFET 用于线性放大时，应工作在此区。

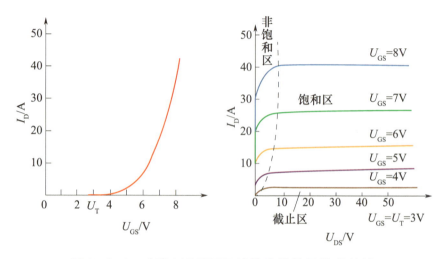

图 5-1-4　功率 MOSFET 的转移特性及输出特性

四、场效应晶体管的开关特性

实际控制应用中，场效应晶体管一般作为电控开关来使用。如图 5-1-5 所示，当控制单元输出信号为高电平时，场效应晶体管的漏极与源极导通，相当于闭合的开关，负载直接与电源接通；当控制单元输出信号低电平时，场效应晶体管的漏极与源极截止，相当于断开的开关，电路可以视为开路。

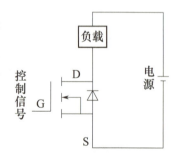

图 5-1-5　场效应晶体管的开关特性

五、场效应晶体管与晶体管的区别

场效应晶体管与晶体管的区别如下：

1）场效应晶体管的源极 S、栅极 G、漏极 D 分别对应于晶体管的发射极 E、基极 B、集电极 C，它们的作用相似。

2）晶体管属于电流驱动型，其放大功能是通过基极的电流来实现的，如

图 5-1-6 所示。

场效应晶体管属于电压驱动型，栅极电阻极大，可以视为没有电流经过，所以不消耗电流。场效应晶体管通过电压形成一条电子通道，使漏极和源极导通，从而实现电流放大功能。栅极的电压越高，导通的电流越大，但同时栅极不消耗电流。

所以相对于晶体管，场效应晶体管有以下的优点：控制电流小，导通响应速度快。

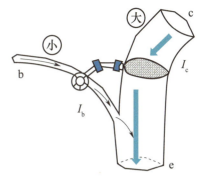

图 5-1-6 晶体管的放大作用

3）场效应晶体管和晶体管均可组成各种放大电路和开关电路，但由于前者制造工艺简单，且具有耗电少、热稳定性好、工作电源电压范围宽等优点，因而被广泛用于大规模和超大规模集成电路中。

4）晶体管导通电阻大，场效应晶体管导通电阻小，只有几百毫欧姆，在现在的用电器件上，一般都用场效应晶体管作为开关，它的效率是比较高的。

六、场效应晶体管与继电器的区别

场效应晶体管与继电器功能相似，实际上都是用小电流去控制大电流运作的一种"开关"。一般情况下，场效应晶体管的栅极与控制单元的引脚连接，根据控制单元的输出信号来执行通断动作。但是场效应晶体管通断的变化速度远远比继电器快，每秒可以切换上万次通断，能够快速响应汽车的工况变化。

七、场效应晶体管的使用优势

场效应晶体管的使用优势如下：

1）场效应晶体管是电压控制器件，而晶体管是电流控制器件。在只允许从信号源取较少电流的情况下，应选用场效应晶体管；而在信号电压较低，又允许从信号源取较多电流的条件下，应选用晶体管。

2）场效应晶体管是利用多数载流子导电，所以称为单极型器件；而晶体管既有多数载流子，也利用少数载流子导电，被称为双极型器件。

3）有些场效应晶体管的源极和漏极可以互换使用，栅极电压也可正可负，灵活性比晶体管好。

4）场效应晶体管能在很小电流和很低电压的条件下工作，而且它的制造工艺可以很方便地把很多场效应晶体管集成在一块硅片上，因此场效应晶体管在大规模集成电路中得到了广泛的应用。

📖 知识链接二：IGBT

一、IGBT 的概述

绝缘栅双极型晶体管（Insulated Gate Bipolar Transistor，IGBT），是由 BJT（双极型晶体管）和 MOS（绝缘栅型场效应晶体管）组成的半导体器件，同时具有高输入阻抗和低导通电压降两方面的优点，非常适合应用于新能源汽车的电机驱动器系统。图 5-1-7 所示为单管分立 IGBT 器件。

IGBT 模块是由 IGBT（绝缘栅双极型晶体管芯片）与 FWD（二极管芯片）通过特定的电路封装而成的模块，一般所说的 IGBT 也指 IGBT 模块，如图 5-1-8 所示。

图 5-1-7　单管分立 IGBT 器件

图 5-1-8　IGBT 模块

二、IGBT 的内部结构

图 5-1-9 是 IGBT 内部结构示意图，N^+ 区域称为源区，源区中引出的电极称为源极，即发射极 E。IGBT 的控制电极称为栅极，即门极 G。P^+ 区域称为漏区，附于漏区上的电极称为漏极，即集电极 C。IGBT 的图形符号如图 5-1-10 所示。

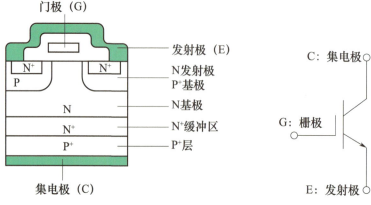

图 5-1-9　IGBT 内部的结构示意图　　图 5-1-10　IGBT 的图形符号

三、IGBT 的工作原理

IGBT 的 等 效 电 路 如 图 5-1-11 所示。如果在 IGBT 的门极和发射极之间加上驱动电压，使得场效应晶体管处于导通状态，则晶体管的基极导通，从而晶体管的集电极和发射极也处于导通状态，此时 IGBT 相当于闭合的开关。如果 IGBT 的门极和发射极之间电压为 0V，使得场效应晶体管处于截止状态，则晶体管基极电流也截止，此时 IGBT 相当于断开的开关。

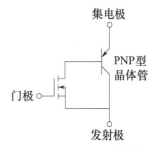

图 5-1-11　IGBT 等效电路

四、IGBT 引脚的检测识别

用万用表欧姆档测量 IGBT 时，某一极与其他两极的阻值都显示为无穷大，如果调换表笔后该极与其他两极的阻值仍为无穷大，则可以判断此极为门极。其余的两极再使用万用表测量，如果测得的阻值为无穷大，调换表笔后测量阻值比较小，则在测量阻值较小的一次中，可以判断红表笔接的为集电极，黑表笔接的为发射极。

五、IGBT 开关应用的原理

IGBT 的有 3 个接口，其中集电极、发射极连接在强电电路上，门极连接控制单元的输出引脚。当控制单元对门极输出一个高电平信号，集电极与发射极之间就处于导通状态，相当于闭合开关；当控制单元对门极输出一个低电平信号，集电极与发射极之间就处于截止状态，相当于断开开关。图 5-1-12 所示为 IGBT 开关控制电路。

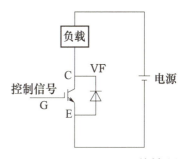

图 5-1-12　IGBT 开关控制电路

六、IGBT 与场效应晶体管的区别

IGBT 与场效应晶体管相似，作用相当于是个"继电器"，通过控制门极高低电平来控制集电极与发射极的导通或截止。场效应晶体管和 IGBT 都可以用高低电平信号来控制电路通断。但 IGBT 的优点是：在大电流高电压的环境下，IGBT 作为电子开关切换通断的速度是最快的，每秒可以达到开关几万次，更能

满足汽车逆变器的工作要求。

七、IGBT 在新能源汽车上的应用

IGBT 模块大约占电机驱动系统成本的 50%，而电机驱动系统占整车成本的 15%~20%，是除电池之外成本最高的部件，也决定了整车的驱动性能。

IGBT 的主要作用是交流电和直流电的相互转换，同时 IGBT 还承担高低电压相互转换的功能。例如充电时外界输入的是交流电，需要通过 IGBT 把低压的 220V 电压转变成高压直流电给电池组充电；电池放电的时候，通过 IGBT 把高压直流电转变成交流电机所需要的低压交流电。图 5-1-13 是 IGBT 在新能源汽车上的应用示意图。

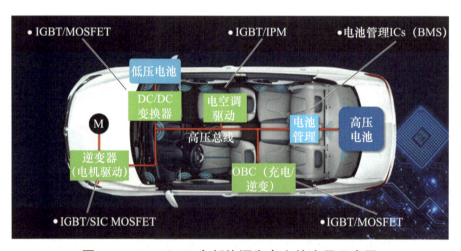

图 5-1-13　IGBT 在新能源汽车上的应用示意图

课后习题

一、选择题

1. 场效应晶体管是用（　　　）控制漏极电流的。

　　A. 栅极电流　　　　B. 栅极电压　　　　C. 漏极电流　　　　D. 漏极电压

2. 场效应晶体管与（　　　）的功能类似。

　　A. 电容　　　　　　B. 继电器　　　　　C. 线圈　　　　　　D. 电池

3. 场效应晶体管本质上是一个（　　　）。

　　A. 电流控制电流的器件　　　　　　　　B. 电压控制电压的器件

　　C. 电压控制电流的器件　　　　　　　　D. 电流控制电压的器件

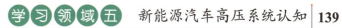

4.（ ）仪器可以检测场效应晶体管。

    A. 数字万用表   B. 解码器   C. 电流钳   D. 电子板

5. 在实验控制电路中场效应晶体管可以理解为（ ）。

    A. 电阻   B. 开关   C. 电源   D. 电容

6. IGBT 又称为（ ）。

    A. 绝缘栅双极型晶体管   B. 晶体管

    C. 场效应晶体管   D. MOS 管

7. IGBT 的图形符号是（ ）。

A.   B.   C.   D.

8. IGBT 作为电控开关时，可以类比为（ ）。

    A. 继电器   B. 二极管   C. 电阻   D. 电容

9. 在 IGBT 的（ ）之间加上驱动电压，则 IGBT 的发射极与集电极处于导通状态。

    A. 栅极与集电极   B. 栅极与发射极

    C. 集电极与发射极   D. 以上都正确

10. IGBT 某一极与其他两极的阻值都为无穷大，则可以判断此极为（ ）。

    A. 栅极   B. 发射极

    C. 集电极   D. 无法确定

二、判断题

1. 场效应晶体管是一种单极型半导体器件。   （   ）

2. 场效应晶体管属于电流控制型器件。   （   ）

3. 场效应晶体管在汽车电路中用作开关，控制执行器工作。   （   ）

4. 场效应晶体管和继电器的作用是一样的，两者可以相互替换。   （   ）

5. 场效应晶体管可以用万用表测量好坏。   （   ）

6. IGBT 可以作为电子开关来使用。   （   ）

7. IGBT 有 3 个极，分别是集电极、发射极和基极。   （   ）

8. IGBT 作为开关使用时，有响应速度快的优点。   （   ）

9. IGBT 可以用场效应晶体管或者晶体管替代。　　　　　　　　（　　）

10. 通过控制 IGBT 发射极的电平，间接控制集电极与发射极的导
　　通或截止。　　　　　　　　　　　　　　　　　　　　　（　　）

学习任务二　电压变换电路的认识与检测

📖 学习情境概述

　　功率变换技术是新能源汽车的调速和转向等动力控制系统的关键技术，当中的电压变换电路包括 AC/AC、AC/DC、DC/DC 以及 DC/AC 电路。本次任务通过学习电压变换电路完成搭建相关电路控制要求的电路。

✒ 学习目标

知识目标：

1. 能讲述 AC/AC 变换电路的原理与应用。

2. 能讲述 AC/DC 变换电路的原理与应用。

3. 能讲述 DC/DC 变换电路的原理与应用。

4. 能讲述 DC/AC 变换电路的原理与应用。

技能目标：

1. 能够识别 AC/AC、AC/DC 变换电路。

2. 能检测并分析 AC/AC 变换电路的波形。

3. 能够识别 DC/DC、DC/AC 变换电路。

4. 能检测并分析 DC/DC 变换电路的波形。

素养目标：

1. 规范实训 7S 管理。

2. 培养自主学习、团队合作能力。

3. 培养刻苦耐劳的意志品质。

4. 崇尚劳动，形成敢创新、敢挑战、爱岗敬业的职业精神。

认识 AC/AC、AC/DC 变换电路

📖 知识链接一：能实现 AC/AC 及 AC/DC 电路控制要求

一、AC/AC 变换电路

1. AC/AC 变换电路的概述

AC/AC 变换电路是把一种形式的交流（AC）电能转变成另一种形式交流（AC）电能的电力电子装置，称为交流/交流变换电路，也称为直接变换电路。

2. AC/AC 变换电路的分类

采用晶闸管等电力半导体器件构成的交流/交流变换电路可分为两大类：一类是频率不变仅改变电压大小的交流/交流变换电路，称为恒频变压交流/交流变换电路，常称为交流调压电路；另一类是直接将一个较高频率交流电变为较低频率交流电的相控方式降频降压变换电路，称为变压变频交流/交流变换电路。

3. 交流调压电路

交流调压电路是指由晶闸管等电力电子器件构成的交流调压控制装置。其调压功能通过控制来实现。交流调压器的调压方式有以下三种。

（1）**通—断控制** 改变通断时间的比例，实现输出电压的调节。其特点是简单，对电网有较大的负载脉动。

（2）**相位控制** 晶闸管控制和相控整流一样，在选定的触发延迟角上使负载与电源接通，也可以通过相控和提前强迫换流实现扇形控制，触发延迟角不同，其输出电压也不同。其特点是具有交流调压的基本形式，应用较多。

（3）**斩波控制** 把正弦波电压斩成若干个脉冲电压，改变导通比实现电压。其特点是功率因数高、低次谐波低，应用较多。

三种控制方式的输出电压波形如图 5-2-1 所示。

用晶闸管组成的交流调压电路，可以方便地调节输出电压有效值。它

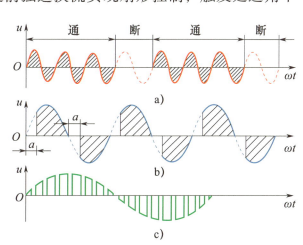

图 5-2-1 交流调压三种控制方式的输出电压波形

可用于电炉温度控制、灯光调节、异步电动机减压软起动和调压调速等，也可以用作调节变压器一次电压，其二次侧多为直流低电压、大电流或高电压、小电流负载，而且负载功率一般不超过500kW。使用这种方法，可使变压器二次侧的整流装置避免使用大容量晶闸管，只需二极管整流即可，有利于增大二次电流或二次电压，用晶闸管在一次侧调压，省去了效率低下的调压变压器，有利于简化结构、降低成本和提高可靠性。晶闸管交流调压电路与调压变压器相比，具有体积小、重量轻、效率高和成本低等优点，是调压变压器的理想替代产品之一。

4. 交流调压电路的工作原理

（1）晶闸管单相交流调压电路　单相交流调压电路是三相交流调压电路的基础，和整流电路一样，交流调压电路的工作情况也和负载性质有很大的关系。

1）电阻性负载单相交流调压电路。图5-2-2所示为电阻性负载单相交流调压电路及其波形。其中，图5-2-2a为主电路，采用晶闸管VT_1和VT_2反并联连接，也可以用一个双向晶闸管VT代替，与负载电阻R_L串联接到交流电源U_2上。图5-2-2b给出了移相角为α的输出电压u_o波形，可以看出负载电压波形是电源电压波形的一部分，负载电流（电源电流）和负载电压的波形相同。

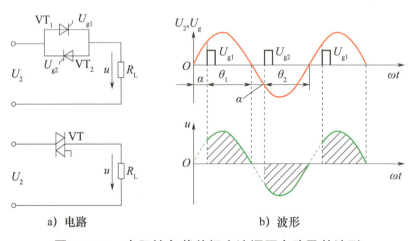

a）电路　　　　　　　　b）波形

图5-2-2　电阻性负载单相交流调压电路及其波形

2）电阻—电感性负载（阻感负载）单相交流调压电路及其波形如图5-2-3所示。阻感负载是交流调压电路最具代表性的负载。

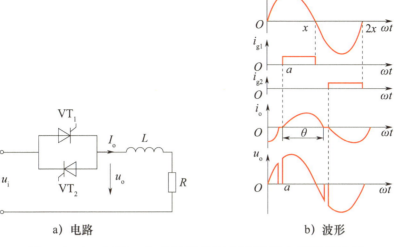

a）电路　　　　　　　　　　　b）波形

图 5-2-3　电阻—电感负载单相交流调压电路及其波形

（2）三相交流调压电路　若把三个单相交流调压电路接在对称的三相电源上，让其互差 $2\pi/3$ 相位工作，则构成了三相交流调压电路。三相交流调压器主电路的连接形式繁多，常见的有星形联结和三角形联结，如图 5-2-4 所示。

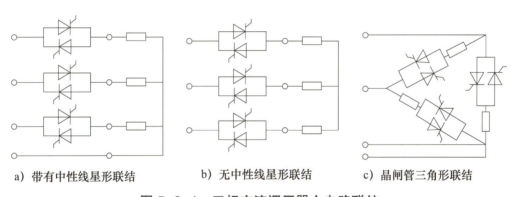

a）带有中性线星形联结　　　b）无中性线星形联结　　　c）晶闸管三角形联结

图 5-2-4　三相交流调压器主电路联结

三相交流调压电路对触发脉冲的要求与三相全控桥式整流电路完全相同，即采用双窄脉冲或宽脉冲触发，触发脉冲顺序也是 VT_1-VT_6，依次相差 60°，三相的触发脉冲应依次相差 120°，同一相的两个反并联晶闸管触发脉冲应相差 180°。图 5-2-5 所示为电阻负载星形联结的三相交流调压器。

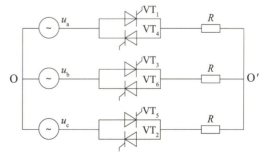

**图 5-2-5　电阻负载星形联结的
三相交流调压器**

交流调压电路是靠改变施加到负载上的电压波形来实现调压的，因此分析负载电压波形是最重要的。对星形联结的三相交流调压电路中的一相来说，只要两个晶闸管之中有一个导通，则该支路是导通的。从三相来看，任何时候电路只可能是下列三种情况中的一种：

1）三相全不通，调压电路开路，每相负载的电压都为零。

2）三相全导通，调压电路直通，则每相负载的电压是所接相的相电压，称为第一类工作状态。

3）其中两相导通，在电阻负载时，导通相负载上的电压是该两相线电压的1/2，非导通相负载的电压为零，称为第二类工作状态。在电动机类负载时，则可由电动机的约束条件（电机方程）来推得各相的电压值。

因此，只要能判别各晶闸管的通断情况，就能确定该电路的导通相数，也就能得到该时刻的负载电压值，判别一个周波就能得到负载电压波形，根据波形就可分析交流调压电路的各种工况。

二、AC/DC 变换电路

1. AC/DC 变换电路概述

AC/DC 变换电路是将交流电源变换成直流电的电路。大多数整流电路由变压器、整流主电路、滤波器等组成。整流主电路多用硅整流二极管或晶闸管组成。滤波器接在主电路与负载之间，用于滤除脉动直流电压中的交流成分。变压器设置与否视具体情况而定，其作用是实现交流输入电压与直流输出电压间的匹配以及交流电网与整流电路之间的电隔离。常用的整流电路有单相半波整流电路、单相桥式整流电路、三相桥式整流电路和 PWM 整流电路。以下介绍最常用的 PWM 整流电路。

2. PWM 整流电路

PWM 整流电路由全控性功率开关器件构成，采用脉冲宽度调制（Pulse Width Modulation，PWM）控制方式。PWM 整流电路也不是传统意义上的 AC/DC 变换电路，而是一种能够实现电能双向变换的电路，当 PWM 整流电路从电网接收电能时，工作于整流状态；当 PWM 整流电路向电网反馈电能时，则工作于有源逆变状态。根据不同的分类，PWM 整流电路有不同的类型，按电路的拓扑结构和外特性，PWM 整流电路可分为电压型和电流型，两者的区别在于直流

侧滤波形式的不同，电压型整流电路采用大电容，电流型整流电路则采用大电感。电压型 PWM 整流电路应用更为广泛。

（1）单相电压型 PWM 整流电路　单相电压型 PWM 整流电路最初应用于电力机车交流传动系统中，为牵引变流器提供直流电源。单相电压型 PWM 整流电路如图 5-2-6 所示，每个桥臂由全控器件和反并联的整流二极管组成，其中的串联型滤波器的谐振频率是基波频率的 2 倍，从而可以短路交流侧的偶次谐波。

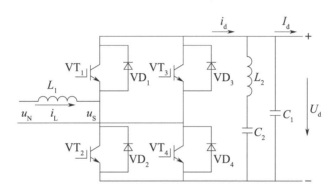

图 5-2-6　单相电压型 PWM 整流电路

（2）三相电压型 PWM 整流电路　三相电压型 PWM 整流电路如图 5-2-7 所示。这是最基本的 PWM 整流电路，应用也最广泛。

三相电压型 PWM 整流电路具有更快的响应速度和更好的输入电流波形。稳态工作时，输出电流、电压不变，开关器件按正弦规律脉宽调制。整流器交流侧的输出电压与逆变器相同，忽略整流电路输出交流电压的谐波。变换器可以看作可控正弦三相电压源，它和正弦的电源高电压共同作用于输入电感，产生正弦电流波形。适当控制整流电路输出电压的间隔值和相位，就可以获得所需大小和相位的输入电流。

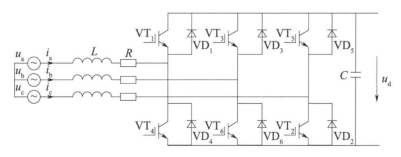

图 5-2-7　三相电压型 PWM 整流电路

（3）三相电流型 PWM 整流电路　三相电流型 PWM 整流电路用于稳定输出电流使输出特性为电流源特性，利用正弦调制方式控制直流电流在各开关器件上的分配，使交流电流波形接近正弦波，且和电源电压同相位，交流侧电容的作用是滤除与开关频率相关的高次谐波。三相电流型 PWM 整流电路如图 5-2-8 所示。

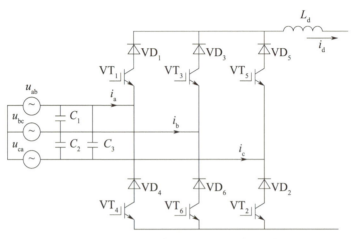

图 5-2-8　三相电流型 PWM 整流电路

PWM 整流电路改善了传统晶闸管相控整电路中交流侧谐波电流较大、深度相控时功率因数较低的缺点。PWM 整流电路采用全控器件可以实现理想化的交 - 直流变换，具有输出直流电压可调、交流侧电流波形为正弦、功率因数可调、可双向变换等优点。电流型整流电路也有缺点，直流侧电感的体积、质量和功耗较大；常用的全控器件都是双向导通的，使主电路通态损耗较大。

车载充电机是整流电路在新能源汽车上的典型应用，其功能是将电网单相交流电变换为直流电给动力蓄电池充电。为了提高电路的功率因数，减小设备体积，达到比较理想的输出效果，一般是整流电路和其他结构的电路形式相结合，完成电能变换。车载充电机电路结构如图 5-2-9 所示。

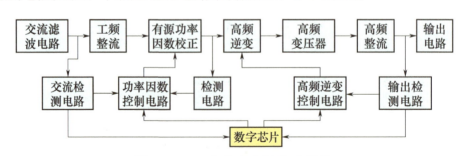

图 5-2-9　车载充电机电路结构

知识链接二：能实现 DC/DC 及 DC/AC 电路控制要求

认识 DC/DC、
DC/AC 电路

一、DC/DC 变换电路

DC/DC 变换电路的功能是将直流电变为另一固定电压或可调电压的直流电，包括直接直流变换电路和间接直流变换电路。直接直流变换电路也称为斩波电路，它的功能是将直流电变为另一固定电压或可调电压的直流电，一般是指直接将直流电变为另一直流电，这种情况下输入与输出之间不隔离。间接直流变换电路是在直流变换电路中增加了交流环节，在交流环节中通常采用变压器实现输入/输出间的隔离，因此也称为带隔离的 DC/DC 变换电路。

1. 直流斩波电路的工作原理

开关管按一定控制规律调制且无变压器隔离的 DC/DC 变换器称为直流斩波器。直流斩波电路主要工作方式是脉宽调制（PWM）工作方式，基本原理是通过开关管把直流电斩成方波（脉冲波），通过调节方波的占空比（脉冲宽度与脉冲周期之比）改变电压。

如图 5-2-10 所示，输入电压 U_i 通过开关与负载串联，当开关闭合时，输出电压等于输入电压，即 $U_o = U_i$，而当开关断开时，输出电压等于零，即 $U_o = 0$，得到基本电压变换电路的输出电压波形。

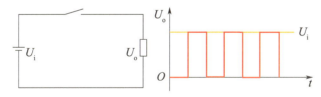

图 5-2-10　输入电压 U_i 通过开关与负载串联和输出电压波形

用可控的功率开关管代替开关，当输入一定的控制信号时，控制电路的交替通断，获得可调的输出电压，从而达到降压的目的。图 5-2-11 所示为基本斩波与输出电路波形。

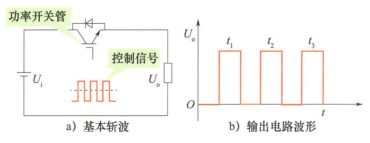

a）基本斩波　　　　　b）输出电路波形

图 5-2-11　基本斩波与输出电路波形

2. 降压斩波电路

（1）降压电路结构组成 图 5-2-12 所示为直流降压电路，为抑制输出电压脉动，在直流降压电路中加入滤波电容 C；为限制开关管 VT 导通时的电流应力，将缓冲电感串入开关管 VT 的支路中；为了避免开关管 VT 关断时缓冲电感中电流的突变，加入续流二极管 VD。

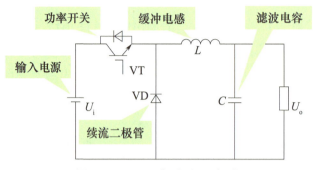

图 5-2-12　直流降压电路

（2）降压原理 直流斩波电路是使用广泛的直流变换电路。图 5-2-13 所示方波为连续输出波形，其平均电压如折线所示。改变脉冲宽度即可改变输出电压，在时间 t_1 前脉冲较宽、间隔窄，平均电压（U_{01}）较高；在时间 t_1 后脉冲变窄，平均电压（U_{02}）降低。固定方波周期 T 不变，改变占空比调节输出电压，即 PWM 法，也称为定频调宽法。由于其输出电压比输入电压低，被称为降压斩波路或 Buck 变换器。方波脉冲不能算直流电源，实际使用要加上滤波电路。

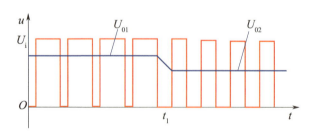

图 5-2-13　连续输出波形和平均电压

3. 升压斩波电路

（1）升压电路结构 Boost 型升压变换器称为并联开关变换器，由功率开关、二极管、储能电感、输出滤波电容等组成，如图 5-2-14 所示。

（2）升压原理 通过电感元件可组成升压斩波电路，如图 5-2-15 所示，当开关管 VT 导通时，电流通过电感 L 时会在 L 中存储能量，此时负载上的电压

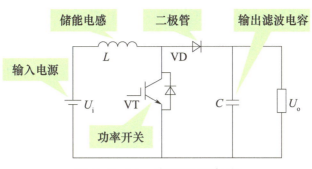

图 5-2-14　直流升压电路

U_o 由 C 提供，当开关管 VT 关断时，电感 L 释放能量，输出电压为输入电压 U_i 与 L 产生的电压相加，故提高了输入电压。该电路称为升斩波或 Boost 变换器，输出电压 $U_i=U_i/（1-D）$，D 是占空比，值必须小于 1。

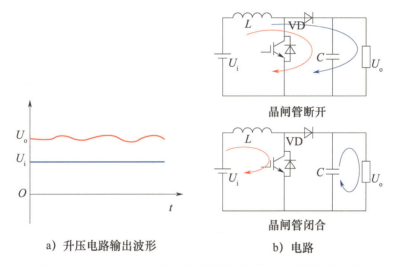

a）升压电路输出波形 　　　　　　　b）电路

图 5-2-15　升压电路晶闸管断开和闭合时的输出波形

4. DC/DC 变换电路的应用

电动汽车上的 DC/DC 变换器如图 5-2-16 所示。作为电动汽车动力系统中很重要的一部分，它的一个重要功用是将动力电池组的高压电，转换为 14V 低

图 5-2-16　纯电动汽车上的 DC/DC 变换器

压直流电为整车低压用电设备供电；另一个作用是在复合电源系统中，与超级电容串联，起到调节电源输出，稳定母线电压。

在纯电动汽车、"电－电"耦合电动汽车（自行发电电动汽车、燃料电池汽车）中，在能量混合型电力系统中，用升压型 DC/DC 变换器；在功率混合型电力系统中，采用双向升降压型 DC/DC 变换器，或全桥型 DC/DC 变换器。车辆在滑行或下坡制动时，驱动电机发电运行产生的电能也通过双向升降压型 DC/DC 变换器向储能电源充电。

二、DC/AC 变换电路

DC/AC 变换器又称为逆变器，是应用电力电子器件将直流电转换成交流电的一种变流装置，如图 5-2-17 所示。目前汽车上大部分采用永磁同步电机和三相异步电机，工作电源都是三相交流电，而电动汽车的动力电池组输出的是直流高压电，所以必须通过一个 DC/AC 变换器将直流电转换为交流电，提供作为驱动电机的动力电源。

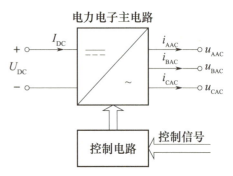

图 5-2-17　三相逆变器框图

1. 逆变的概念

把直流电变成交流电称为逆变。逆变电路是与整流电路相对应的。当交流侧接在电网上，即交流侧接有电源时，逆变电路称为有源逆变电路；当交流侧直接和负载连接时，逆变电路称为无源逆变电路。逆变电路的应用非常广泛，在已有的各种电源中，蓄电池、干电池、太阳能电池等都是直流电源，当需要这些电源向交流负载供电时就需要逆变电路。另外，交流电机调速用变频器、不间断电源、感应加热电源等装置使用非常广泛，其电路的核心部分都是逆变电路。它的基本作用是在控制下将中间直流输出的直流电源转换为频率和电压都任意可调的交流电源。

2. 逆变电路的原理

以图 5-2-18 所示单相桥式逆变器主电路（逆变电路）为例说明逆变原理，图中 $S_1 \sim S_4$ 是单相桥式电路 4 个臂上的开关，并假设 $S_1 \sim S_4$ 均为理想开关。当

S_1、S_4 闭合，S_2、S_3 断开时，负载电压 u_o 为正；当 S_1、S_4 断开，S_2、S_3 闭合时，u_o 为负，其波形如图 5-2-18b 所示。这样，就把直流电变成了交流电。改变两组开关切换频率就可以改变输出交流电频率，这是逆变的最基本原理。电阻负载时，负载电流 i_o 和 u_o 的波形相同，相位也相同。阻感负载时，i_o 的基波相位滞后于 u_o 的基波，两者波形也不同，图 5-2-18b 给出的就是阻感负载时的 i_o 波形。如果 S_1~S_4 由实际的电力电子开关器件所组成，且辅助元件（R、L、C）也是非理想的，则逆变过程要复杂很多。

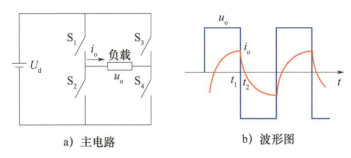

a) 主电路　　　　　　　　b) 波形图

图 5-2-18　单相桥式逆变器主电路与波形图

3. 逆变器种类

为了满足不同用电设备对交流电源性能参数的不同要求，发展了多种逆变电路，并大致可按以下方式分类。

1）按输出电能的去向可分为有源逆变电路和无源逆变电路。前者输出的电能返回公共交流电网；后者输出的电能直接输向用电设备。

2）按电流波形可分为正弦逆变电路和非正弦逆变电路。前者开关器件中的电流为正弦波，其开关损耗较小，宜工作于较高频率；后者开关器件电流为非正弦波，因其开关损耗较大，故工作频率较正弦逆变电路低。

3）按输出相数可分为单相逆变电路和三相逆变电路。

4）按直流电源性质可分为由电压型直流电源供电的电压型逆变电路和由电流型直流电源供电的电流型逆变电路。

━━━━━━ **课后习题** ━━━━━━

一、单选题

1.AC/AC 变换电路，称为交流 / 交流变换电路，也称（　　）电路。

　　A. 直接变换　　　　B. 交叉变换　　　　C. 间接变换　　　　D. 循环变换

2. 交流调压器的控制方式有整周波通断控制、相位控制和（　　　）三种。

    A. 正弦波控制　　　　　　　　　　B. 半周波通断控制

    C. 斩波控制　　　　　　　　　　　D. 正弦波控制

3. 三相交流调压器主电路的连接形式繁多，常见的有（　　　）联结和（　　　）联结。

    A. 交叉、圆形　　　　　　　　　　B. 星形、三角形

    C. X 型、Y 型　　　　　　　　　　D. 方形、三角形

4. 交流调功电路也是控制电路的（　　　）和（　　　）。

    A. 电容、电感　　　　　　　　　　B. 开关、熔体

    C. 电阻、电容　　　　　　　　　　D. 接通、断开

5. 单相输出交流 / 交流变换电路由（　　　）组晶闸管整流（　　　）电路构成。

    A. 两、反向串联　　　　　　　　　B. 两、反向并联

    C. 一、反向并联　　　　　　　　　D. 一、反向串联

6. DC/DC 变换电路包括（　　　）变换电路和间接直流变换电路。

    A. 间接交流　　　　　　　　　　　B. 间接交、直流

    C. 直接直流　　　　　　　　　　　D. 直接交流

7. 直流斩波电路主要工作方式是（　　　）（PWM）工作方式。

    A. 磁力调制　　　　B. 脉宽调制　　　　C. 开关调制　　　　D. 波形调制

8. 直流斩波电路控制信号方式有脉冲宽度调制、脉冲频率调制和（　　　）。

    A. 调频调宽混合控制　　　　　　　B. 脉冲长度调制

    C. 脉冲周期调制　　　　　　　　　D. 调频调长混合控制

9. 升压斩波电路称为升斩波或 Boost 变换器，占空比的值必须小于（　　　）。

    A. 9　　　　　　　　B. 1　　　　　　　　C. 2　　　　　　　　D. 12

10. 三相电压型逆变电路应用最广泛的是（　　　）逆变电路。

    A. 双相桥式　　　　B. 三相星式　　　　C. 单相桥式　　　　D. 三相桥式

二、判断题

1. 单相交流调压电路的工作情况和负载性质没有关系。（　　　）

2. 只要能判别各晶闸管的通断情况，就能确定该电路的导通相数。（　　　）

3. 单相交流 / 交流变换电路状态情况，是输出电压方向确定的。（　　　）

4. AC/DC 变换电路的单相半波整流电路用于整流电流较大，脉冲
　　要求高的场合。　　　　　　　　　　　　　　　　　（　　）

5. 三相电流型 PWM 整流电路具有功率因数可调、可双向变换等
　　优点。　　　　　　　　　　　　　　　　　　　　　（　　）

6. 直流斩波电路是使用广泛的直流变换电路。　　　　　（　　）

7. 电流型逆变电路中，换流方式有负载换流、电源换流。（　　）

8. 器件换相和强迫换相都属于自换相。　　　　　　　　（　　）

9. 电压型逆变电路的输出电压为正弦波，输出电流因负载阻抗不
　　同而不同。　　　　　　　　　　　　　　　　　　　（　　）

学习任务三　动力电池的认识与检测

📖 学习情境概述

　　动力电池是纯电动汽车和油电混合动力汽车的核心部件，是车辆性能和价值的体现。本次学习任务通过学习锂电池种类、充放电原理及 BMS 的控制原理，进行动力电池充放电电路搭建，模拟电池充电过热的工作情况，学习电池充电保护的原理。

✈ 学习目标

知识目标：

1. 能讲述动力电池种类。

2. 能讲述锂电池的充放电工作原理。

3. 能讲述 BMS 的工作控制过程。

4. 能讲述电池的散热类型及工作原理。

技能目标：

1. 能正确使用万用表测量锂电池控制电路。

2. 能正确分析三元锂电池充放电过程。

素养目标：

1. 规范实训 7S 管理。

2. 培养自主学习、团队合作能力。

3. 崇尚劳动，形成敢创新、敢挑战、爱岗敬业的职业精神。

动力电池组成
结构及工作
原理

📖 知识链接

一、新能源汽车常用电池的种类

将化学能转换成电能的装置叫化学电池，简称电池。电池放电后，能够用充电的方式使内部活性物质再生把电能储存为化学能，需要放电时再次把化学能转换为电能，这类电池称为蓄电池。

动力电池也称动力蓄电池、高压动力电池组、高压电池包、HV 电池等，用于存储电能，能够实现电池的循环充放电，作为电动汽车（包括纯电动和混合动力汽车等）动力使用。电动汽车采用的动力电池常用的种类主要有三种：铅酸电池、镍氢电池和锂电池。

1. 铅酸电池

铅酸电池成本低、低温性好、性价比高；能量密度低、寿命短、体积大、安全性差，如图 5-3-1 所示。早期电动汽车上应用最广泛的电源是铅酸电池，但随着电动汽车技术的发展，铅酸电池由于比能量较低、充电速度较慢、寿命较短，已逐渐被其他类型的蓄电池所取代，而且采用铅酸电池的低速电动汽车也不在新能源汽车之列。

图 5-3-1　铅酸电池

2. 镍氢电池

镍氢电池（Nickel-Metal Hydride battery）的全称是金属氢化物镍电池，正极活性物质主要由镍制成，负极活性物质主要由贮氢合金制成，是一种碱性电池，如图 5-3-2 所示，一般应用于混合动力汽车。镍氢电池单体额定电压 1.2 V，比能量约 80W·h/kg。由于镍

图 5-3-2　镍氢电池

氢电池安全可靠，早期部分纯电动汽车和现在的大多数混合动力汽车采用了镍氢电池。常见的有方形和圆柱形的混合动力车用镍氢电池。

镍氢电池应急补充充电性能好、技术成熟、寿命长、耐用。虽然其性能优于铅酸电池，但是在高温条件下使用时电荷量急剧下降，自放电损耗较大且成本很高，价格较贵。

3. 锂电池

锂电池（Lithium Battery）是指正极材料含锂（金属锂、锂合金和锂离子、锂聚合物），负极材料采用石墨，使用非水电解质溶液的电池。

纯电动汽车动力电池主要采用锂电池。锂电池根据材料的不同，又分为许多种，包括磷酸铁锂电池（$LiFePO_4$）、钴酸锂电池（$LiCoO_2$）、锰酸锂（$LiMn_2O_4$）以及三元锂电池（$Li(NiCoMn)O_2$），如图 5-3-3 所示。目前锂电池具有零排放、对环境污染小、能耗低、能量密度高和充电快等优点。

图 5-3-3 锂电池

三元锂电池的主要结构包括正极、负极、电解液和隔膜。正极材料包含镍、钴、锰三种金属材料，三元锂电池也因此而得名。负极使用导电性好的石墨，电解液为六氟磷酸锂。三元锂电池的特点是能量密度大（质量能量密度达到 240W·h/kg，是磷酸铁锂电池的 1.7 倍），同样重量的电池组电池容量更大。但其缺点在于稳点性较差，如果内部短路或是正极材料遇水，都会有明火产生。

图 5-3-4 所示为特斯拉采用的 18650 三元锂电池。18650 是指电池的直径为 18mm、长度为 65mm、呈圆柱体形。

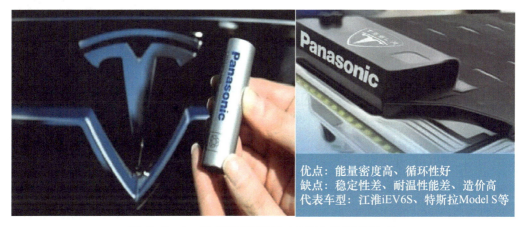

优点：能量密度高、循环性好
缺点：稳定性差、耐温性能差、造价高
代表车型：江淮iEV6S、特斯拉Model S等

图 5-3-4 特斯拉采用的 18650 三元锂电池

二、锂电池充放电的原理

如图 5-3-5 所示，在充电的过程中，正极上生成锂离子，在电解液内穿过隔膜运动到负极；而负极的碳有很多微孔，可以把锂离子嵌入到碳层的微孔中，嵌入的锂离子越多，充电量就越高。

同样，电池放电的过程中，锂离子脱离负极碳层，在电解液内穿过隔膜运动到正极；而电子则通过外电路流动，形成电流。回到正极的锂离子越多，放电量越高。

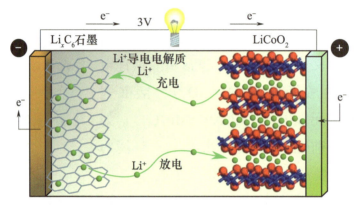

图 5-3-5　锂电池的充放电原理

三、BMS 的功能

电池管理系统（Battery Management System，BMS）的主要作用是通过电池内部安装的温度传感器和电流传感器，对电池的温度进行实时检测，监控动力电池充放电过程的电流大小等信息。简而言之，BMS 就是汽车动力电池的管理者。BMS在电池的安装位置如图 5-3-6 所示。

图 5-3-6　BMS 在电池的安装位置

四、新能源汽车电池温度的监控管理

新能源汽车动力电池内部的温度变化会直接影响到电池自身性能，并且会影响电池充放电能力，情况严重甚至还会造成电池起火引发事故。一般在新能源汽车电池箱内每六个单体电池区域就会安装一个温度传感器，用来检测电池的温度是否有过高的现象发生。

温度传感器里面有热敏电阻（NTC），电池的温度越低，热敏电阻阻值会越大，电池温度越高，热敏电阻阻值会越小。只要汽车处于电源接通的情况下，电池温度信息会一直受到监测，让动力电池达到最好的工作状态。

五、新能源汽车电池的冷却方式

新能源汽车的动力电池冷却系统有两种主要的形式：风冷和液冷。

风冷电池散热系统如图5-3-7所示，BMS控制单元监测动力电池的温度，当温度过高时，通过控制鼓风机来给动力电池降温。为了对电池更好地进行恒温控制，在鼓风机的进气口安装进气温度传感器，为BMS控制单元提供必要的反馈信息。信息经过处理后需控制冷却风扇是否继续运行，防止电池温度过低。

液冷电池散热系统如图5-3-8所示，利用水泵使散热管中的冷却液循环并进行散热，吸收的热量通过热交换器排到动力电池的外界环境。

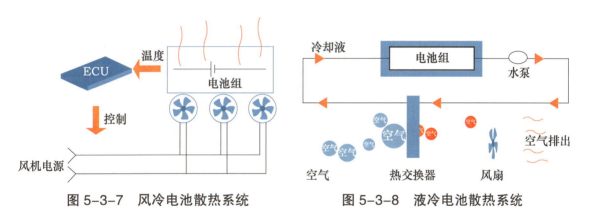

图5-3-7 风冷电池散热系统   图5-3-8 液冷电池散热系统

课后习题

一、单选题

1. 锂电池负极主要由（　　）组成。

　　A. 石墨　　　　　　B. 锰元素　　　　　C. 铅金属　　　　　D. 二氧化硫

2. 三元锂电池使用最广泛的材料是（　　）。

　　A. 镍、钴、锰　　B. 镍、钴、铁　C. 镍、钴、硫　D. 钴、硫、金

3. 三元锂电池的优点是（　　）。

　　A. 电池容量高　　B. 充放电速度快　C. 自放电小　　　D. 以上都正确

4. 下面选项不属于电池管理系统（BMS）主要功用的是（　　　）。

    A. 电池包电量计算　　　　　　　　B. 电池温度、电压、湿度检测

    C. 自行充电　　　　　　　　　　　D. 充放电控制、预充控制

5. 新能源汽车的高压电池冷却方式是（　　　）。

    A. 风冷方式　　　　　　　　　　　B. 液冷方式

    C. 自然冷却　　　　　　　　　　　D. A 和 B 都对

二、判断题

1. 新能源汽车指的就是用电能的汽车。　　　　　　　　　　　（　　　）

2. 锂电池充电温度过高时，控制单元使其停止充电。　　　　　（　　　）

3. 纯电动汽车常用的动力电池是锂电池，包括磷酸铁锂、三元锂
电池等。　　　　　　　　　　　　　　　　　　　　　　　（　　　）

4. 相对于其他电池，锂电池更为环保。　　　　　　　　　　　（　　　）

5. 锂电池可以将储存的电全部放出再进行充电。　　　　　　　（　　　）

6. 新能源汽车高压电池对高温不敏感。　　　　　　　　　　　（　　　）

7. 新能源汽车高压电池控制单元简称 BMS。　　　　　　　　　（　　　）

8. 锂电池的充电管理参数包括充电电流、电压、电池均衡、电池
温度等。　　　　　　　　　　　　　　　　　　　　　　　（　　　）

9. BMS 的全称是电池管理系统。　　　　　　　　　　　　　　（　　　）

10. 纯电动汽车 BMS 如发生故障将无法上电。　　　　　　　　（　　　）

学习任务四　驱动电机的认识及控制电路检测

📖 学习情境概述

电机及其控制系统是新能源汽车的核心部件，决定了汽车行驶的主要性能指标。相比于传统汽车，电机可以在较大的速度范围内高效产生转矩，因此新能源汽车不需要变速器，传动机构简单，噪声低。本次学习任务通过搭建电路，检测三相电机的电源电压波形，探究三相电源与电机转速的关系、转速与转速脉冲信号的关系，学习其基本驱动原理。

学习目标

知识目标：

1. 能讲述新能源汽车的驱动电机类型。

2. 能讲述三相永磁同步电机的基本结构及工作原理。

3. 能讲述三相电机的转速控制原理及工作过程。

4. 能讲述三相永磁同步电机在新能源汽车上的应用。

技能目标：

1. 能检测三相电机驱动电源的特点。

2. 能判断三相电源与电机转速的关系。

3. 能判断电机转速与转速脉冲信号的关系。

素养目标：

1. 规范实训 7S 管理。

2. 培养自主学习、团队合作能力。

3. 崇尚劳动，形成敢创新、敢挑战、爱岗敬业的职业精神。

新能源汽车驱动电机及控制原理

知识链接

一、新能源汽车应用驱动电机的种类

电机是新能源汽车的核心部件，主要有直流电机、三相感应电机、开关磁阻电机等。

直流电机（见图 5-4-1）的主要优点是控制简单而且技术成熟，但因为直流电机发热严重、机械磨损大等问题难以解决，目前新能源汽车已基本不采用直流电机。

三相感应电机（见图 5-4-2）是现今应用最广泛的电机，能够实现制动能量回收的功能，而且具有以下优点：效率较高、质量轻、价格便宜和

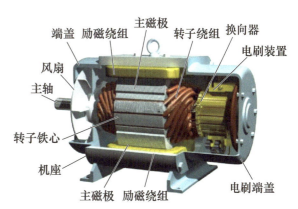

图 5-4-1　直流电机的构造

维修方便等。

开关磁阻电机是一种较新型的电机，具有很多明显的特点，如结构比较简单和效率高，可满足新能源汽车动力性的要求。

电机及其控制系统决定了汽车行驶的主要性能指标。相比于传统汽车，电机可以在较大的速度范围内高效产生转矩，所以新能源汽车不需要变速器，传

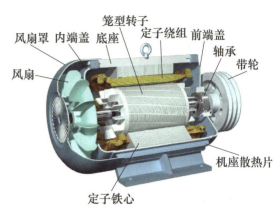

图 5-4-2　三相感应电机的基本结构

动机构简单，噪声低。新能源汽车一般采用电子助力转向装置，该装置的动力源是直流电机。根据驾驶人的驾驶意图，并且收集转向、车速、转矩等信息，由控制模块完成直流电机的转向控制和转速控制，保证汽车在低速转向行驶时轻便灵活，高速转向行驶时稳定可靠。

二、三相永磁同步电机的结构

三相永磁同步电机是三相感应电机的一种。永磁同步电机的内部壳体上间隔绕制六匝绕组，对角的两匝绕组为一组，共三组，而且这三组绕组相互错开 120° 排列，如图 5-4-3 所示。

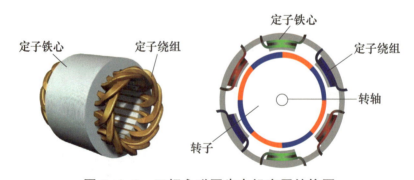

图 5-4-3　三相永磁同步电机定子结构图

永磁同步电机上的转子使用永久磁铁，如图 5-4-4 所示，具有转子运动惯量小、运行效率高、功率密度高的优点。永磁同步电机上面没有滑环和电刷，由此电机的工作避免了集电环和电刷磨损造成的故障。但是由于电机的转子使用永磁材料制成，电机在长时间的运转后处于高温、振动的条件下，磁力会发生热衰退的现象。

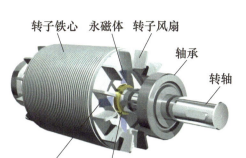

转子铁心 永磁体 转子风扇

轴承

转轴

安装永磁体缺口 隔磁材料

图 5-4-4　三相永磁同步电机转子结构

三、三相永磁同步电机的工作原理

三相永磁同步电机其中一组绕组通电时，同一组且对角的两个绕组会产生相异的磁极，吸引着转子朝磁极转动。当给三组绕组依次排列进行通电时，定子内部就会产生不断旋转的磁场，如图 5-4-5 所示。因此，在磁场力矩的作用下，转子会跟随磁场的变化而转动。

图 5-4-5　旋转磁场的产生

在实际的应用中，转子并不是只有一根磁铁，而是多根磁铁嵌入在定子上，转子的外壁就形成了等距离间隔的 S 极和 N 极，如图 5-4-6 所示。此时，三组绕组在三相交流电的通电下，产生旋转的磁场，使得转子稳定地旋转。

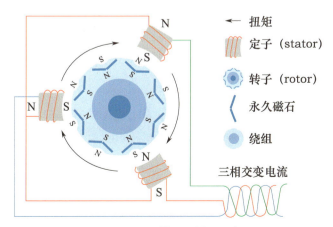

← 扭矩

定子（stator）

转子（rotor）

永久磁石

绕组

三相交变电流

图 5-4-6　转子磁极示意图

四、三相电机的转向控制原理

三相电机转子跟随定子产生的旋转磁场转动，通过改变三相线的通电顺序，改变旋转磁场的转动方向，从而实现间接控制转子转向。或者需要改变旋转磁场的方向时，只需将接入的三相线任意两相进行交换，旋转磁场就会向相反的方向旋转。

课后习题

一、单选题

1. 新能源汽车应用的驱动电机为（　　　）。

　　A. 直流电机　　　　　　　　　　B. 三相感应电机

　　C. 开关磁阻电机　　　　　　　　D. 以上都对

2. 永磁同步电机上的转子使用的是（　　　）。

　　A. 永久磁铁　　　B. 绕组　　　C. 稀有金属　　　D. A 和 B 都对

3. 改变三相交流电源的（　　　），可以控制电机的旋转速度。

　　A. 电压大小　　　　　　　　　　B. 频率

　　C. A 与 B 都对　　　　　　　　　D. A 和 B 都不相关

4. 与直流电机相比，永磁同步电机少了（　　　）部件。

　　A. 电刷　　　　　　B. 定子　　　　　　C. 转子

5. 三相同步电机的优点有（　　　）。

　　A. 功率密度高　　　　　　　　　B. 转子运动惯量小

　　C. 没有热衰退　　　　　　　　　D. A 和 B 都对

二、判断题

1. 新能源汽车上的永磁同步电机由定子、转子和壳体组成。　　　　　　（　　　）

2. 电机在长时间地运转后处于高温、振动的条件下，性能影响不大。　　　　　　　　　　　　　　　　　　　　　　（　　　）

3. 因为直流电机的主要优点是控制简单、技术成熟，所以现代新能源汽车大部分都采用直流电机。　　　　　　　　　　　（　　　）

4. 三相永磁同步电机定子的作用是产生旋转的磁场。　　　　　　（　　　）

5. 通过调整输入三相同步电机电流的大小和频率就可以大范围调整电机的旋转方向。　　　　　　　　　　　　　　　（　　　）

目　录

学习领域一
汽车电工电子基本技能

学习任务一　规范安全用电

任务描述

　　新能源汽车的使用越来越广泛，但其工作电压是数百伏高压电，为了增强人们用电安全意识，本实训任务是模拟人体触电实训，验证人体对不同类型电流的反应情况。

工作计划

1. 制订工作计划

步骤	工作内容	负责人
1		
2		
3		
4		
5		

2. 列出需要的实训板、工具、耗材和器材清单

序号	名称	型号与规格	单位	数量	备注
1					
2					
3					
4					
5					

🔨 进行决策

1）各组派代表阐述工作计划。

2）各组对其他组的工作计划提出自己不同的看法。

3）教师结合各组工作计划进行点评，提出指导性意见。

4）决策选出较优工作计划。

📹 工作实施

1. 按照本组制订的计划开展工作

1）领取实训板及材料。

2）认识与检查实训板。

3）各组员分工合作完成实训任务。

人体触电模拟
实训

2. 实训任务

模拟人体触电实训，探究不同因素对人体电阻大小的影响。

3. 实训步骤

1）领取实训板及材料。

电流对人体的作用实训板	可调电压锂电池模块
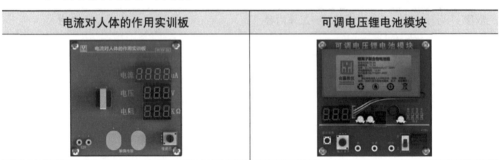	

2）识读电路原理图并连接实物。

电路原理图	实物连接图
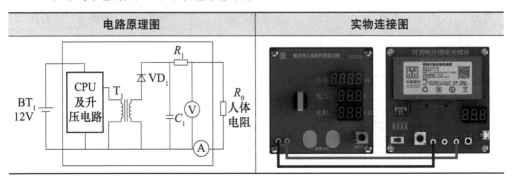	

3）具体实训流程。

序号	步骤	操作方法及说明	质量标准与记录
1	实训板基本检查	1）检查可调电压锂电池模块 2）检查电流对人体的作用实训板模块	□检查可调锂电池模块正常工作 □检查实训电路板正常工作 □检查实训板电源接口牢固、无损坏
2	模块设备连接	根据实物连接图连接可调锂电池模块、电流对人体的作用实训板（注意接线习惯，正极用红色，负极用黑色）	□电路连接前，确认电源开关处于断开状态 □接线无误后，检查导线安装牢靠
3	探究接触面积、电流路径、电压大小对人体电阻的影响	接通电源后，可调电阻调到最左侧，人体按不同要求接触电极 特别说明：有心脏病或佩戴心脏起搏器、助听器的学生，禁止操作	1）探究接触面积对人体电阻的影响： 左手的食指和中指分别触碰电极两端，保持手指触碰电极的情况下，适当改变手指与电极的接触面积 □当接触面积大时，流过人体的电流是____μA=____mA，人体的电阻是____Ω=____kΩ=____MΩ □当接触面积小时，流过人体的电流是____μA=____mA，人体的电阻是____Ω □结论：接触面积越大，人体电阻越____；接触面积越小，人体电阻越____ 2）探究电流路径对人体电阻的影响： □同一人的左手食指和右手食指分别触碰电极两端，流过人体的电流是____μA，人体的电阻是____Ω □3~4人牵手后分别将左手的食指触碰电极两端，流过人体的电流是____μA，人体的电阻是____Ω □结论：电流流经的路径越长，人体电阻越____；电流流经的路径越短，人体电阻越____ 3）探究电压大小对人体电阻的影响： 同一人的两个食指分别触摸电极两端，从左至右转动旋钮改变电压大小并感受 □结论：电压在____V以下无明显的感觉，电压在____V有明显的发麻，但可以忍受
4	7S管理	1）对使用的模块和设备进行7S管理 2）对工位进行7S管理	□检查使用的模块外观是否损坏、刮花 □清洁工位 □工具、设备清点归位

学习任务二　基础焊接工艺

任务描述

　　焊接在汽车电子维修上是一项重要的技能，焊接质量直接影响到电路功能的实现。汽车音响电路中的某一电路板出现了故障，需要重新焊接音乐 IC、压电陶瓷等元器件，请你正确使用电烙铁完成音乐电路板的焊接测试。

电烙铁的规范使用及电路板的焊接与测试

学习领域二
基本电路知识

学习任务一　认识汽车直流电路

任务描述

　　一辆丰田卡罗拉轿车在行驶过程中车灯熄灭，要对灯光电路故障进行分析与检测。请你按照专业技术标准，进行汽车车灯基本电路的检测与搭建。

工作计划

1. 制订工作计划

步骤	工作内容	负责人
1		
2		
3		
4		
5		

2. 列出需要的实训板、工具、耗材和器材清单

序号	名称	型号与规格	单位	数量	备注
1					
2					
3					
4					
5					

进行决策

1）各组派代表阐述工作计划。

2）各组对其他组的工作计划提出自己不同的看法。

3）教师结合各组工作计划进行点评，提出指导性意见。

4）决策选出较优工作计划。

工作实施

1. 按照本组制订的计划开展工作

1）领取实训板及材料。

2）实训板的认识及检查。

3）各组员分工合作完成工作任务。

2. 实训任务

搭建三种工作状态的基本电路。

搭建基本电路

3. 实训步骤

1）领取实训板及材料。

可调电压锂电池模块	开关与熔丝实训板	负载
	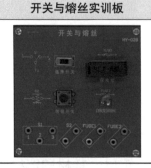	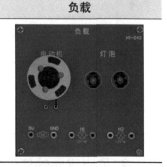

2）识读电路原理图并连接实物。

电路原理图	实物连接图
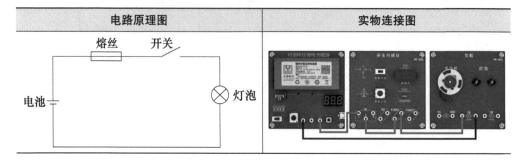	

3）具体实训流程。

序号	步骤	操作方法及说明	质量标准与记录
1	各实训板的检查及功能的认知	1）检查实训板外观和电子元器件 2）能够说明各元器件在汽车电路中的作用	□检查实训板外观无划伤、损坏 □检查可调电压锂电池模块是否正常工作 □检查实训板是否正常工作 □完成以下填空： 锂电池模块的作用是_____ 开关与熔丝模块的作用_____ 灯泡模块的作用是_____ 连接导线的作用是_____
2	模块设备连接，并实现汽车电路状态控制	1）根据实物连接图连接各模块（注意接线习惯，正极用红色，负极用黑色） 2）利用开关进行汽车电路的几种状态操作	□检查可调电压锂电池模块外观有无损坏 □通电检查可调电压锂电池模块电量是否充足，检查完毕后关闭开关 □根据电路原理图连接电路并完成以下填空： 1）当开关断开时，电路处于_____状态，此时灯泡_____ 2）当开关闭合时，电路处于_____状态，此时灯泡_____
3	讨论思考：电流的发光、发热；电能在汽车电路中的能量转换	1）按照电路原理图，连接电路，观察灯泡的发光 2）用电动机代替灯泡，观察电动机的工作情况	□电路中元器件更换时，是否在断路状态下进行 □完成以下填空： 1）接通电路后，灯泡会发光，说明此时电池提供的电能通过电流的形式转变成_____ 2）用电动机代替灯泡，是将电能转变成__
4	7S 管理	1）对使用的模块和设备进行 7S 管理 2）对工位进行 7S 管理	□检查使用的模块外观是否损坏、刮花 □清洁工位 □工具、设备清点归位

学习任务二　汽车电路基本物理量测量与计算

任务实施一　测量电路的基本物理量

任务描述

一辆卡罗拉轿车起动电路不工作，经检验点火开关、起动电机等零部件都完好，需要使用万用表对起动电路进行故障分析。请你按照专业技术标准，对电路基本物理量以及电路状态进行测量分析，以排除故障。

工作计划

1. 制订工作计划

步骤	工作内容	负责人
1		
2		
3		
4		
5		

2. 列出需要的实训板、工具、耗材和器材清单

序号	名称	型号与规格	单位	数量	备注
1					
2					
3					
4					
5					

进行决策

1）各组派代表阐述设计方案。

2）各组对其他组的设计方案提出自己不同的看法。

3）教师结合各组完成的情况进行点评，提出指导性意见。

4）决策选出较优工作计划。

工作实施

1. 按照本组制订的计划开展工作

1）领取实训板及材料。

2）实训板的认识及检查。

3）各组员分工合作完成工作任务。

2. 实训任务

完成色环电阻阻值的识读。

3. 实训步骤

1）领取实训板。

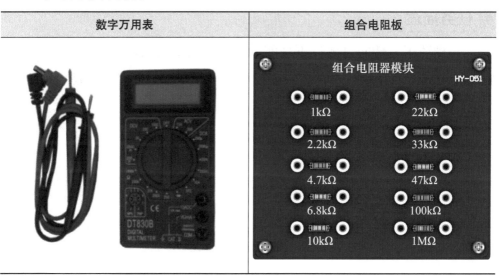

数字万用表	组合电阻板

2）具体实训流程。

序号	步骤	操作方法及说明	质量标准与记录
1	实训板基本检查	检查组合电阻板外观和电子元器件	□检查实训板外观无划伤、损坏 □检查实训板是否正常
2	色环法读取电阻	1）根据色环标注法读取实验电阻阻值	□检查万用表外观无损坏 □万用表调至电阻档进行校零

（续）

序号	步骤	操作方法及说明	质量标准与记录
2	色环法读取电阻	 2）运用万用表验证色环读取阻值	□完成以下填空： 1）色环标注法读取组合电阻器分别是： ①电阻值为_____，误差是：_____ ②电阻值为_____，误差是：_____ 2）万用表测量验证： 图一电阻值：_____ 图二电阻值：_____ 是否相符：_____
3	7S 管理	1）对使用的模块和设备进行 7S 管理 2）对工位进行 7S 管理	□检查使用的模块外观无损坏、刮花 □清洁工位 □工具、设备清点归位

任务实施二　汽车电路基本物理量测量与计算

🔍 任务描述

　　一辆轿车右转向灯侧灯不亮前后灯亮，需要对汽车右转向灯电路进行检测。请你按照专业技术标准，进行汽车串并联车灯电路与搭建与检测。

📋 工作计划

1. 制订工作计划

步骤	工作内容	负责人
1		
2		
3		
4		
5		

2. 列出需要的实训板、工具、耗材和器材清单

序号	名称	型号与规格	单位	数量	备注
1					
2					

（续）

序号	名称	型号与规格	单位	数量	备注
3					
4					
5					

进行决策

1）各组派代表阐述设计方案。

2）各组对其他组的设计方案提出自己不同的看法。

3）教师结合各组完成的情况进行点评，提出指导性意见。

4）决策选出较优工作计划。

工作实施

1.按照本组制订的计划开展工作

1）领取实训板及材料。

2）实训板的认识及检查。

3）各组员分工合作完成工作任务。

2.实训任务

1）串联电路特性参数测量。

2）并联电路特性参数测量。

3.实训步骤

（1）串联电路特性参数测量

1）领取实训板及材料。

串联电路特性
电路参数测量

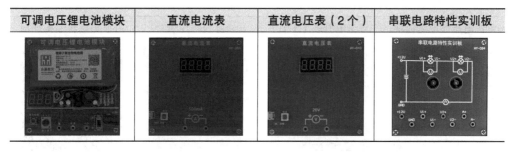

可调电压锂电池模块	直流电流表	直流电压表（2个）	串联电路特性实训板

2）识读串联电路并连接线路。

串联电路	串联电路线路连接
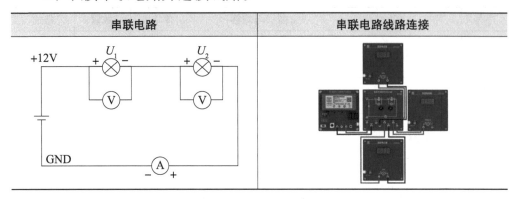	

3）具体实训流程。

序号	步骤	操作方法及说明	质量标准与记录
1	串联电路特性电路参数测量	1）根据电路连接图连接各模块（注意接线习惯，正极用红色，负极用黑色） 2）确认无误后，调节电源电压，记录电压表、电流表读数	□检查电路板外观无划伤、损坏 □检查各元器件表面无损伤 □检查各电子元器件焊点无脱落 表格见下 结论：串联电路特点 电压的分配特点：_____ 电流的分配特点：_____
2	7S管理	1）对使用的模块和设备进行7S管理 2）对工位进行7S管理	□检查使用的模块外观是否损坏、刮花 □清洁工位 □工具、设备清点归位

测量次数	电路总电压 U	电路电流 I	灯泡1电压 U_1	灯泡2电压 U_2	U_1+U_2
1	5V				
2	8V				
3	10V				

（2）并联电路特性电路参数测量

1）领取实训板及材料。

并联电路特性
电路参数测量

可调电压锂电池模块	直流电流表（3个）	直流电压表	并联电路特性实训板
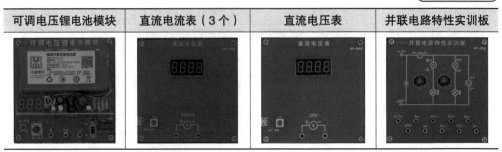			

2）识读并联电路并连接线路。

并联电路	并联电路线路连接

3）具体实训流程。

序号	步骤	操作方法及说明	质量标准与记录
1	并联电路特性电路参数测量	1）根据电路图连接各模块 2）确认无误后，调节电源电压，记录电压表、电流表读数	□检查可调电压锂电池模块外观有无损坏 □调节电源电压，填写下表 | 测量次数	电路总电压 U	电路电流 I	灯泡1电流 I_1	灯泡2电流 I_2	I_1+I_2 | |---|---|---|---|---|---| | 1 | 5V | | | | | | 2 | 8V | | | | | | 3 | 10V | | | | | □结论：并联电路特点 电压的分配特点：＿＿＿＿＿＿ 电流的分配特点：＿＿＿＿＿＿
2	7S 管理	1）对使用的模块和设备进行 7S 管理 2）对工位进行 7S 管理	□检查使用的模块外观是否损坏、刮花 □清洁工位 □工具、设备清点归位

学习任务三　交流电路分析

任务描述

　　汽车发电机产生的交流电输出不稳定，需要对其进行分析，看能否正常供给汽车电器使用。请你根据专业技术标准，正确使用示波器进行正弦交流电波形测试。

🗓 工作计划

1. 制订工作计划

步骤	工作内容	负责人
1		
2		
3		
4		
5		

2. 列出需要的实训板、工具、耗材和器材清单

序号	名称	型号与规格	单位	数量	备注
1					
2					
3					
4					
5					

⚖ 进行决策

1）各组派代表阐述设计方案。

2）各组对其他组的设计方案提出自己不同的看法。

3）教师结合各组完成的情况进行点评，提出指导性意见。

4）决策选出较优工作计划。

📹 工作实施

1. 按照本组制订的计划开展工作

1）领取实训板及材料。

2）实训板的认识及检查。

3）各组员分工合作完成工作任务。

2. 实训任务

进行正弦交流电波形测试。

3. 实训步骤

1）领取实训板及材料。

可调电压锂电池模块	单相变三相电压实训板	三通道示波器及信号源
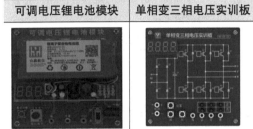		

示波表使用

三相交流电波形测试

2）线路连接。

单相变三相交流电波形测试线路连接

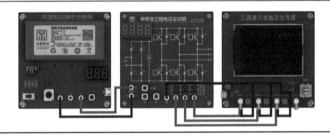

3）具体实训流程。

序号	步骤	操作方法及说明	质量标准与记录
1	可调电压锂电池检查	检查可调电压锂电池	□检查固定电压输出、可调电压输出、电压显示是否正常
2	示波器的检查	检查示波器外观和电子元件	□打开示波器电源，检查显示是否正常，依照获取信息章节中练习示波器参数的调节
3	探究三相交流电特性	1）根据电路连接图连接各模块（注意接线习惯，正极用红色，负极用黑色） 2）确认无误后，调节示波器，记录幅值、周期与频率	□用连接导线按照线路连接图连接成完整电路，注意连接前先关闭电源开关 □检查无误后接通电源，打开示波器电源，调节示波器，观察波形至适当位置如左图所示，读取各通道数据，填写下表

下表及结论继续如下：

数据	幅值 V_{pp}	周期	频率
通道 1			
通道 2			
通道 3			

□结论：三相交流电的_____、_____和_____是相同的，相位相差_____

（续）

序号	步骤	操作方法及说明	质量标准与记录
4	7S 管理	1）对使用的模块和设备进行 7S 管理 2）对工位进行 7S 管理	□检查使用的模块外观是否损坏、刮花 □清洁工位 □工具、设备清点归位

学习任务四　直流稳压电源电路

任务实施一　整流电路的检测与分析

任务描述

　　汽车发电机的整流电路出现了故障，现需要对整流电路部分进行故障检测。请你根据专业技术标准，完成二极管质量和特性的检测、半波整流电路的检测、单相桥式整流电路的检测、单相桥式整流电路的检测。

工作计划

1. 制订工作计划

步骤	工作内容	负责人
1		
2		
3		
4		
5		

2. 列出需要的实训板、工具、耗材和器材清单

序号	名称	型号与规格	单位	数量	备注
1					
2					
3					

（续）

序号	名称	型号与规格	单位	数量	备注
4					
5					

🔨 进行决策

1）各组派代表阐述工作计划。

2）各组对其他组的工作计划提出自己不同的看法。

3）教师结合各组工作计划进行点评，提出指导性意见。

4）决策选出较优工作计划。

工作实施

1. 按照本组制订的计划开展工作

1）领取实训板及材料。

2）认识与检查实训板。

3）各组员分工合作完成工作任务。

2. 实训任务

1）半波整流电路测量。

2）单相桥式整流电路测量。

3. 实训步骤

（1）半波整流电路测试

1）领取实训板及材料。

半波整流电路
测试

可调电压锂电池模块	二极管整流器	三相交流发电机特性实训板	三通道示波器及信号源

2）识读二极管特性检测电路并连接线路。

二极管特性检测电路	线路连接
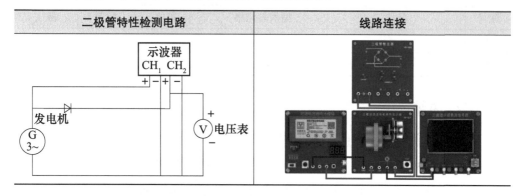	

3）具体实训流程。

序号	步骤	操作方法及说明	质量标准与记录
1	电路板基本检查	检查设备	□检查电路板外观无划伤、损坏 □检查可调锂电池模块是否正常 □检查实训板是否正常
2	模块设备连接	根据线路图连接各模块	□锂电池正极连接发电机＿＿＿端子，负极连接发电机＿＿＿端子，二极管正极连接发电机＿＿＿端子 示波器通道1的红色探头连接发电机的＿＿＿端子 示波器通道1的黑色探头连接发电机的＿＿＿端子 示波器通道2的红色探头连接二极管的＿＿＿极 示波器通道2的黑色探头连接发电机的＿＿＿端子
3	半波整流电路波形检测	1）检测半波整流电路输入波形 2）检测半波整流电路输出波形	□检查电路连接无误后，接通电源和打开示波器电源 □示波器通道1连接的是（输入/输出）波形 □示波器通道2连接的是（输入/输出）波形 □固定发电机转速，输出波形如左图所示，画出波形图并记录数据 | 数据	幅值 V_{pp}	周期 T	频率 f
通道1			
通道2			| □思考：负半周为什么会被砍掉

（续）

序号	步骤	操作方法及说明	质量标准与记录
4	7S 管理	1）对使用的模块和设备进行 7S 管理 2）对工位进行 7S 管理	□检查使用的模块外观是否损坏、刮花 □清洁工位 □工具、设备清点归位

单相桥式整流电路测试

（2）单相桥式整流电路测试

1）领取实训板及材料。

可调电压锂电池模块	二极管整流器	三相交流发电机特性实训板	三通道示波器及信号源（2 个）

2）识读单相桥式整流检测电路并连接线路。

单相桥式整流电路检测电路	线路连接
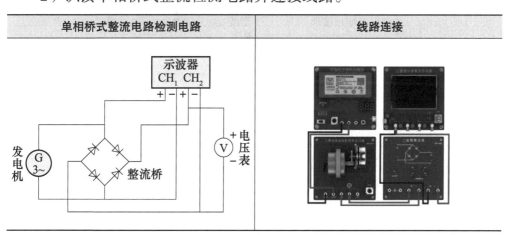	

3）具体实训流程。

序号	步骤	操作方法及说明	质量标准与记录
1	实训板基本检查	检查设备	□检查实训板外观无划伤、损坏 □检查可调电压锂电池模块是否正常 □检查实训板是否正常

（续）

序号	步骤	操作方法及说明	质量标准与记录
2	模块设备连接	根据线路图连接各模块	□检查示波器是否正常工作 □根据电路连接电路并完成以下填空 锂电池正极连接发电机____端子 锂电池负极连接发电机____端子 二极管整流器的输入端连接发电机____端子 示波器通道 1 的红色探头连接二极管整流器的____端子
3	单相桥式整流电路波形检测	1）检测单相桥式整流电路输入波形 2）检测单相桥式整流电路输出波形	□检查电路连接无误后，接通电源和打开示波器电源 □固定发电机转速，输出波形如左图所示，画出波形图并记录数据 | 数据	幅值 V_{pp}	周期 T	频率 f
通道 1			
通道 2			| □思考：负半周为什么会变成正半周
4	7S 管理	1）对使用的模块和设备进行 7S 管理 2）对工位进行 7S 管理	□检查使用的模块外观是否损坏、刮花 □清洁工位 □工具、设备清点归位

任务实施二　滤波电路的检测与分析

🔖 任务描述

电感和电容是电路中常用的元件，它们与电阻组合在一起可以组成特定的电路实现波形的变换作用。本次学习任务通过学习滤波电路的搭建，完成电容、电感质量和特性的检测。

📑 工作计划

1. 制订工作计划

步骤	工作内容	负责人
1		
2		
3		
4		
5		

2. 列出需要的实训板、工具、耗材和器材清单

序号	名称	型号与规格	单位	数量	备注
1					
2					
3					
4					
5					

🔨 进行决策

1）各组派代表阐述设计方案。

2）各组对其他组的设计方案提出自己不同的看法。

3）教师结合各组完成的情况进行点评，提出指导性意见。

4）决策选出较优工作计划。

👥 工作实施

1. 按照本组制订的计划开展工作

1）领取实训板及材料。

2）实训板的认识及检查。

3）各组员分工合作完成工作任务。

2. 实训任务

完成电容充放电特性实训。

3. 实训步骤

1）领取实训板及材料。

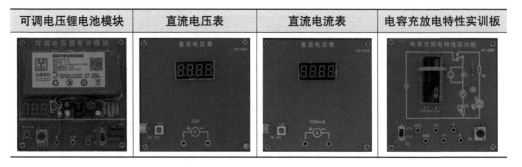

可调电压锂电池模块	直流电压表	直流电流表	电容充放电特性实训板

2）识读电容充放电特性实训电路并连接线路。

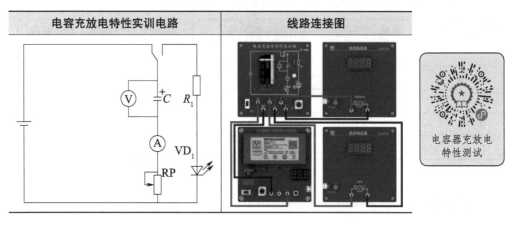

电容充放电特性实训电路	线路连接图

电容器充放电特性测试

3）具体实训流程。

序号	步骤	操作方法及说明	质量标准与记录
1	实训板基本检查	检查实训板外观和电子元器件	□检查实训板外观无划伤、损坏 □检查各元器件表面无损伤 □检查各电子元器件焊点无脱落
2	模块设备连接	根据电路连接各模块	□根据线路连接图连接电路并完成以下填空 　锂电池正极连接电容充放电特性实训板的____端子，负极连接____端子 □电压表的"+"连接实训板的____端子，"–"连接实训板的____端子 □万用表调节至 DC 200mA 档位，红表笔接____端子，黑表笔接____端子
3	调试电路	接通电路，对电容进行充放电特性观察	□检查无误后，打开可调锂电池模块电源、电流表、电压表

（续）

序号	步骤	操作方法及说明	质量标准与记录
3	调试电路	接通电路，对电容进行充放电特性观察	□先把开关拨向充电状态；电容两端电压的变化____，电流表的变化____ □结论：电容器充电过程是把电荷转移到电容器两端，充电快慢跟充电电流有关，且电容器两端的电压不能突变 □把开关拨向放电状态；LED 的变化____，电压表的变化____，电流表的变化____ □结论：电容器放电过程是把电容器相当于电源，提供能量给用电器使用
4	7S 管理	1）对使用的模块和设备进行 7S 管理 2）对工位进行 7S 管理	□检查使用的模块外观是否损坏、刮花 □清洁工位 □工具、设备清点归位

任务实施三　稳压电路的检测与分析

任务描述

　　汽车发电机产生交流电，经过整流滤波稳压电路后供给汽车电器使用，但是在使用过程中，发现其不能进行正常供电，电压不稳定，初步分析故障原因，是稳压电路损坏。请你根据专业技术标准，完成稳压二极管特性的检测、三端稳压电路特性的检测、单相桥式整流滤波稳压电路的实训测试。

工作计划

1. 制订工作计划

步骤	工作内容	负责人
1		
2		
3		
4		
5		

2. 列出需要的实训板、工具、耗材和器材清单

序号	名称	型号与规格	单位	数量	备注
1					
2					
3					
4					
5					

进行决策

1）各组派代表阐述设计方案。

2）各组对其他组的设计方案提出自己不同的看法。

3）教师结合各组完成的情况进行点评，提出指导性意见。

4）决策选出较优工作计划。

工作实施

1. 按照本组制订的计划开展工作

1）领取实训板及材料。

2）实训板的认识及检查。

3）各组员分工合作完成工作任务。

2. 实训任务

1）三端集成电路检测。

2）二极管稳压电路的搭建与测试。

三端集成电路
输出电压调式

3. 实训步骤

（1）三端集成电路输出电压调试

1）领取实训板及教材。

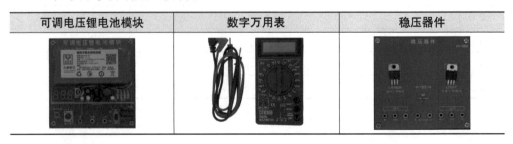

可调电压锂电池模块	数字万用表	稳压器件

2）识读三端集成检测电路并连接线路。

三端集成检测电路	线路连接
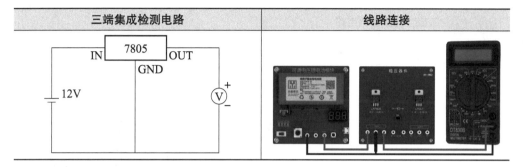	

3）具体实训流程。

序号	步骤	操作方法及说明	质量标准与记录
1	实训板基本检查	检查实训板外观和电子元件	□检查实训板外观无划伤、损坏 □检查各元器件表面无损伤 □检查各电子元器件焊点无脱落
2	模块设备连接	根据线路连接图连接可调电压锂电池模块、三端稳压集成电路、万用表（注意接线习惯，正极用红色，负极用黑色）	□检查可调电压锂电池模块外观有无损坏 □根据连接电路并完成以下填空 锂电池正极连接三端稳压集成电路实训板＿＿＿端子 锂电池负极连接三端稳压集成电路实训板＿＿＿端子 □万用表红表笔连接三端稳压集成电路实训板＿＿＿端子 □万用表黑表笔连接三端稳压集成电路实训板＿＿＿端子
3	实训观察与思考	接通电源，调节电压，观察输出电压变化	□检查无误后，接通电源 □调节电源电压，只要输入电压＿＿＿＿，输出电压都是＿＿＿＿ □结论：以上实验现象可说明三端稳压的特点是＿＿＿＿

（2）二极管稳压电路的搭建与测试

1）领取实训板及材料。

可调电压锂电池模块	数字万用表	组合电阻板	稳压器件
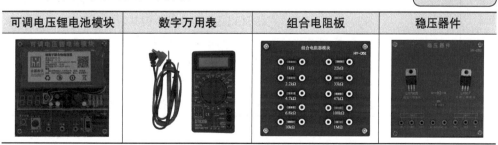			

2）识读二极管稳压检测电路并连接线路。

二极管稳压检测电路	线路连接
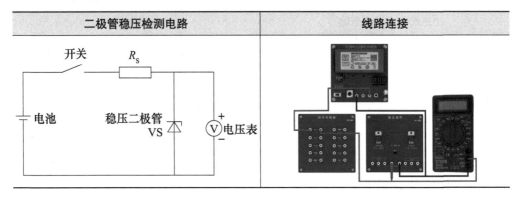	

3）具体实训流程。

序号	步骤	操作方法及说明	质量标准与记录
1	电路板基本检查	检查实训板外观和电子元器件	□检查实训板外观无划伤、损坏 □检查各元器件表面无损伤 □检查各电子元器件焊点无脱落 □检查可调电压锂电池模块外观无损坏
2	模块设备连接	根据线路连接图连接可调电压锂电池模块、电阻、稳压二极管和万用表	□锂电池正极连接____元件，负极连接____元件的____极；稳压二极管的负极连接____元件 □万用表红表笔连接____元件的____极 □万用表黑表笔连接____元件的____极
3	实训观察与思考	接通电源，测量稳压二极管两端电压，得出结论	□检查各模块正负极是否连接正确 □检查无误后，打开可调电压锂电池模块电源 □观察所用稳压二极管的标示，读出稳压二极管的稳压值为____V □万用表：根据测量电压范围选择____档位 □调节电源电压使其高于稳压二极管稳压值，稳压二极管两端的电压为____，此时稳压二极管处于____状态，电阻的作用是____ □结论：稳压二极管工作时流过的电流可以大幅度变化，但其两端电压____，从而达到稳定电路电压的作用
4	7S 管理	1）对使用的模块和设备进行 7S 管理 2）对工位进行 7S 管理	□检查使用的模块外观是否损坏、刮花 □清洁工位 □工具、设备清点归位

学习任务五　基本放大电路

任务实施一　晶体管的检测

任务描述

汽车音响电路出现故障，不能实现音频放大功能，初步检测发现晶体管烧坏，现在需要更换晶体管。请你根据专业技术标准，完成晶体管管型的检测、晶体管引脚极性的检测实训。

工作计划

1. 制订工作计划

步骤	工作内容	负责人
1		
2		
3		
4		
5		

2. 列出需要的实训板、工具、耗材和器材清单

序号	名称	型号与规格	单位	数量	备注
1					
2					
3					
4					
5					

进行决策

1）各组派代表阐述设计方案。

2）各组对其他组的设计方案提出自己不同的看法。

3）教师结合各组完成的情况进行点评，提出指导性意见。

4）决策选出较优工作计划。

🎬 工作实施

1.按照本组制订的计划开展工作

1）领取实训板及材料。

2）实训板的认识及检查。

3）各组员分工合作完成工作任务。

2.实训任务

进行晶体管引脚极性的判断。

三极管引脚极
性判断

3.实训步骤

1）领取实训板及材料。

晶体管	数字万用表
晶体管 HY-013	DT830B

2）具体实训流程。

序号	步骤	操作方法及说明	质量标准与记录
1	实训板基本检查	检查实训板外观和电子元器件	□检查实训板外观无划伤、损坏 □检查各元器件表面无损伤 □检查各电子元器件焊点无脱落
2	晶体管元器件板的认知	找出晶体管驱动板的B、E、C端子并叙述其作用	1.读懂实训板上的原理图，晶体管型号分别为_____ 2.该晶体管是____型管 3.晶体管的三个电极分别是____、____、____

（续）

序号	步骤	操作方法及说明				质量标准与记录			

□万用表调至电阻档进行校零

测量晶体管并填写下表

测量次数	连接特点		数字表显示		连接特点		数字表显示	
			NPN	PNP			NPN	PNP
第一次	红表笔固定E极	C			黑表笔固定E极	C		
		B				B		
第二次	红表笔固定C极	E			黑表笔固定C极	E		
		B				B		
第三次	红表笔固定B极	E			黑表笔固定B极	E		
		C				C		

序号 3　步骤：晶体管管型及引脚判别

□结论：

1）管型判断：＿＿＿＿＿＿＿＿＿＿＿＿＿＿＿＿

2）引脚判断：＿＿＿＿＿＿＿＿＿＿＿＿＿＿＿＿

＿＿＿＿＿＿＿＿＿＿＿＿＿＿＿＿＿＿＿＿＿＿＿＿

4	7S 管理	1）对使用的模块和设备进行 7S 管理 2）对工位进行 7S 管理	□检查使用的模块外观是否损坏、刮花 □清洁工位 □工具、设备清点归位

任务实施二　放大电路的搭建与测试

任务描述

　　汽车音响属于汽车娱乐功能重要组成部分，其中扬声器（喇叭）都是通过音频放大电路来推动的。晶体管是组成音频放大电路的主要器件。本次学习任务通过学习音频放大电路，分析晶体管共射放大电路的原理，并学会搭建音频放大电路。

工作计划

1. 制订工作计划

步骤	工作内容	负责人
1		
2		

（续）

步骤	工作内容	负责人
3		
4		
5		

2. 列出需要的实训板、工具、耗材和器材清单

序号	名称	型号与规格	单位	数量	备注
1					
2					
3					
4					
5					

🔨 进行决策

1）各组派代表阐述设计方案。

2）各组对其他组的设计方案提出自己不同的看法。

3）教师结合各组完成的情况进行点评，提出指导性意见。

4）决策选出较优工作计划。

📇 工作实施

1. 按照本组制订的计划开展工作

1）领取实训板及材料。

2）实训板的认识及检查。

3）各组员分工合作完成工作任务。

4）识读电路连接图。

2. 实训任务

完成音乐 IC 电流放大电路的搭建与测试。

音乐 IC 电流
放大电路的
搭建与测试

3. 实训步骤

1）领取实训板及材料。

可调电压锂电池模块	数字万用表	开关与熔丝

音乐 IC	音乐 IC 电流放大器	扬声器、压电陶瓷元件

2）识读音乐 IC 电流放大电路并连接线路

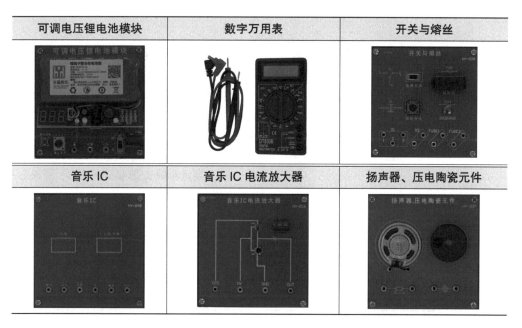

音乐 IC 电流放大电路	线路连接

3）具体实训流程。

序号	步骤	操作方法及说明	质量标准与记录
1	实训板基本检查	检查实训板外观和电子元器件	□检查实训板外观无划伤、损坏 □检查各元器件表面无损伤 □检查各电子元器件焊点无脱落
2	电流放大器元器件认知	找出电流 IC 放大器中的 U_{CC}、IN、OUT、GND 端子并叙述其作用	找出 U_{CC} 端子并填写与描述其功用： _____ 找出 IN 端子并填写与描述其功用： _____ 找出 OUT 端子并填写与描述其功用： _____ 找出 GND 端子并填写与描述其功用： _____

（续）

序号	步骤	操作方法及说明	质量标准与记录
3	模块设备连接	根据线路连接图连接各模块（注意接线习惯，正极用红色，负极用黑色）	1）按下触发开关，扬声器应发出清脆响亮的声音，从电路中可以看出此时两个晶体管处于_____状态；音乐 IC 的作用是_____；电容器的作用是_____，扬声器的作用是_____ 2）要是音乐 IC 直接接扬声器，结果会怎样？为什么？_____
4	7S 管理	1）对使用的模块检查、清洁、归位 2）对工位进行清洁、整理 3）对使用的设备进行检查、清洁、归位	□检查使用的模块外观无损坏、刮花 □清洁工位 □工具、设备清点归位

学习任务六　数字电路

任务实施一　搭建基本逻辑门电路

🔍 任务描述

　　汽车照明顶灯调光器出现故障，不能进行调节，初步分析是集成芯片损坏。请你按照专业技术标准，完成对基本逻辑门电路的逻辑关系检测。

📋 工作计划

1. 制订工作计划

步骤	工作内容	负责人
1		
2		
3		
4		
5		

2.列出需要的实训板、工具、耗材和器材清单

序号	名称	型号与规格	单位	数量	备注
1					
2					
3					
4					
5					

🔨 进行决策

1）各组派代表阐述设计方案。

2）各组对其他组的设计方案提出自己不同的看法。

3）教师结合各组完成的情况进行点评，提出指导性意见。

4）决策选出较优工作计划。

📋 工作实施

1.按照本组制订的计划开展工作

1）领取实训板及材料。

2）实训板的认识及检查。

3）各组员分工合作完成工作任务。

"与"门电路功能检测

2.实训任务

1）与门、或门、非门电路功能检测。

2）与非门、或非门电路功能检测。

"或"门电路功能检测

3.实训步骤

（1）与门、或门、非门电路功能检测

1）领取实训板及材料。

"非"门电路功能检测

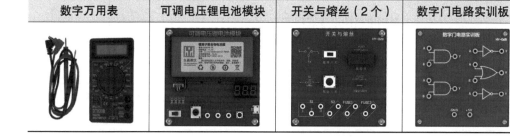

数字万用表	可调电压锂电池模块	开关与熔丝（2个）	数字门电路实训板

2）连接线路。

与门线路连接	或门线路连接	非门线路连接
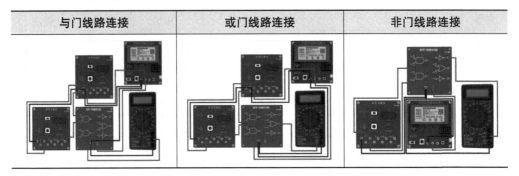		

3）具体实训流程。

序号	步骤	操作方法及说明	质量标准与记录
1	实训板基本检查	检查实训板外观和电子元器件	□检查实训板外观无划伤、损坏 □检查可调电压锂电池模块工作正常 □检查实训板工作正常
2	万用表表笔安装	检查万用表	□检查万用表外观无损坏 □根据电路图连接电路并完成以下填空 1）万用表红表笔插在万用表的_____孔 2）万用表黑表笔插在万用表的_____孔 □把万用表档位调整到直流电压档
3	检测功能	根据电路图连接与门实训电路（注意接线习惯，正极用红色，负极用黑色）	□输入端分别接高电平 5V，低电平 0V □测量输出端 F 电压的变化完成下表 A 端电压 / B 端电压 / F 端电压 □结论：与门电路的功能可以概括为
		根据电路图连接或门实训电路	□输入端分别接高电平 5V，低电平 0V □测量输出端 F 电压的变化完成下表 A 端电压 / B 端电压 / F 端电压 □结论：或门电路的功能可以概括为

（续）

序号	步骤	操作方法及说明	质量标准与记录
3	检测功能	根据电路图连接非门实训电路	□输入端分别接高电平 5V，低电平 0V □测量输出端 F 电压的变化完成下表 | A 端电压	F 端电压
---	---
		  □结论：非门电路的功能可以概括为 _____
4	7S 管理	1）对使用的模块和设备进行 7S 管理 2）对工位进行 7S 管理	□检查使用的模块外观无损坏、刮花 □清洁工位 □工具、设备清点归位

（2）与非门、或非门电路功能检测

1）领取实训板及材料。

"与非"门电路功能检测

"或非"门电路功能检测

数字万用表	可调电压锂电池模块	开关与熔丝（2 个）	数字门电路实训板

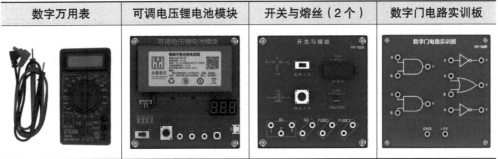

2）连接线路。

与非门线路连接	或非门线路连接

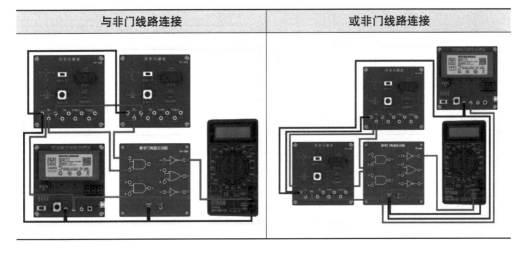

3）具体实训流程。

序号	步骤	操作方法及说明	质量标准与记录
1	实训板基本检查	检查实训板外观和电子元器件	□检查实训板外观无划伤、损坏 □检查各元器件表面无损伤 □检查各电子元器件焊点无脱落
2	万用表表笔安装	检查万用表	□检查万用表外观无损坏 □根据电路图连接电路并完成以下填空 1）万用表红表笔插在万用表的_____孔 2）万用表黑表笔插在万用表的_____孔 □把万用表档位调整到直流电压档
3	检测功能	根据电路图连接与非门实训电路	□输入端分别接高电平 5V，低电平 0V □测量输出端 F 电压的变化完成下表

A 端电压	B 端电压	Y 端电压

□结论：与非门电路的功能可以概括为

_____

		根据电路图连接或非门实训电路	□输入端分别接高电平 5V，低电平 0V □测量输出端 F 电压的变化完成下表

A 端电压	B 端电压	F 端电压

□结论：或非门电路的功能可以概括为

_____

序号	步骤	操作方法及说明	质量标准与记录
4	7S 管理	1）对使用的模块检查、清洁、归位 2）对工位进行清洁、整理 3）对使用的设备进行检查、清洁、归位	□检查使用的模块外观无损坏、刮花 □清洁工位 □工具、设备清点归位

任务实施二 分析组合逻辑电路的功能

任务描述

　　汽车仪表显示出现了故障，需要对故障原因进行分析检测。请你按照专业技术标准、规范，验证 8421 编码器电路的逻辑功能，正确搭建数码显示译码电路，并验证其逻辑功能。

工作计划

　　1. 制订工作计划

步骤	工作内容	负责人
1		
2		
3		
4		
5		

　　2. 列出需要的实训板、工具、耗材和器材清单

序号	名称	型号与规格	单位	数量	备注
1					
2					
3					
4					
5					

进行决策

　　1）各组派代表阐述工作计划。

　　2）各组对其他组的工作计划提出自己不同的看法。

　　3）教师结合各组工作计划进行点评，提出指导性意见。

　　4）决策选出较优工作计划。

📠 工作实施

1. 按照本组制订的计划开展工作

1）领取实训板及材料。

2）实训板的认识及检查。

3）各组员分工合作完成工作任务。

2. 实训任务

编码器电路与数码显示译码电路逻辑功能验证。

编码器电路与数码显示译码电路逻辑功能验证

3. 实训步骤

1）领取实训板及材料。

数字万用表	可调电压锂电池模块	BCD 编码电路实训板	数码管译码电路实训板

2）连接线路。

编码器电路与数码显示译码电路功能验证线路连接图

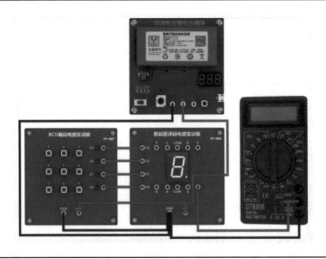

3）具体实训流程。

序号	步骤	操作方法及说明	质量标准与记录
1	实训板基本检查	检查可调电压锂电池模块	□检查锂电池无鼓包、损坏 □通电检查电池能正常供电 □通电检查电压调节旋钮工作情况正常
		检查 BCD 编码电路实训板模块	□检查实训板电源接口牢固、损坏 □检查实训板触摸电极脏污、损坏 □通电检查 D0、D1、D2、D3 指示灯显示情况正常
		检查数码管译码电路实训板模块	□检查实训板电源接口牢固、无损坏 □检查实训板触摸电极无脏污、无损坏 □通电检查七段数码管显示情况正常 □判断七段数码管共____极
2	验证 BCD 编码器的逻辑功能	根据线路连接图连接可调电压锂电池模块、BCD 编码电路实训板模块、数码管译码电路实训板模块	□电路连接前，确认电源开关处于断开状态 □接线无误后，检查导线安装牢靠

依次按下 0~9 按键，观察 D0、D1、D2、D3 指示灯的变化，灯亮为 1，灯灭为 0，完成以下表格

接通电源后，在 BCD 编码电路的输入端依次按下 0~9 不同的按键，观察对应的二进制编码 D0、D1、D2、D3 指示灯的变化，并做好记录

按键	D3	D2	D1	D0
0				
1				
2				
3				
4				
5				
6				
7				
8				
9				

□结论：该 BCD 编码器（是／否）实现 8421BCD 编码的逻辑功能

（续）

序号	步骤	操作方法及说明	质量标准与记录
3	验证数码显示译码器电路的逻辑功能	接通电源后，在 BCD 编码电路的输入端依次按下 0~9 不同的按键，观察数码管译码电路中的七段数码管所显示的字形，并测量 a、b、c、d、e、f、g 各端子的电压大小，并做好记录	依次按下 0~9 不同的按键，观察数码管译码电路中的七段数码管所显示的字形，并测量 a、b、c、d、e、f、g 各端子的电压大小，完成下表
4	7S 管理	1）对使用的模块和设备进行 7S 管理 2）对工位进行 7S 管理	□检查使用的模块外观无损坏、刮花 □清洁工位 □工具、设备清点归位

依次按下 0~9 不同的按键，观察数码管译码电路中的七段数码管所显示的字形，并测量 a、b、c、d、e、f、g 各端子的电压大小，完成下表

按键	字形	a	b	c	d	e	f	g
0								
1								
2								
3								
4								
5								
6								
7								
8								
9								

□结论：该七段数码管为共____极，数码显示译码器（是 / 否）实现译码功能

学习领域三
电磁学的应用

学习任务一　电磁感应原理

任务实施一　继电器电路的分析与检测

任务描述

　　一辆汽车前照灯电路出现故障，经检查是继电器损坏导致。请你按照技术要求、操作规范，完成继电器质量和功能的检测。

工作计划

1.制订工作计划

步骤	工作内容	负责人
1		
2		
3		
4		
5		

2.列出需要的实训板、工具、耗材和器材清单

序号	名称	型号与规格	单位	数量	备注
1					
2					
3					
4					
5					

进行决策

1）各组派代表阐述工作计划。

2）各组对其他组的工作计划提出自己不同的看法。

3）教师结合各组工作计划进行点评，提出指导性意见。

4）决策选出较优工作计划。

工作实施

1. 按照本组制订的计划开展工作

1）领取实训板及材料。

2）认识与检查实训板。

3）各组员分工合作完成工作任务。

2. 实训任务

完成继电器应用电路实训。

继电器应用电路实训

3. 实训步骤

1）领取实训板及材料。

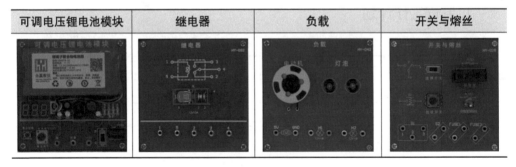

可调电压锂电池模块	继电器	负载	开关与熔丝

2）识读继电器应用电路并连接线路。

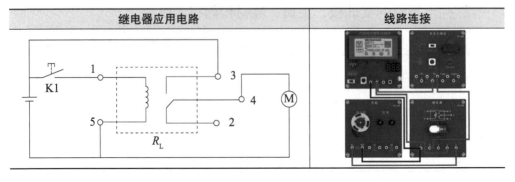

继电器应用电路	线路连接

3）具体实训流程。

序号	步骤	操作方法及说明	质量标准与记录
1	实训板基本检查	检查实训板外观和电子元件	□检查实训板外观无划伤、损坏 □检查可调电压锂电池模块工作正常 □检查实训板工作正常
2	模块设备连接	根据电路图连接模块	□用导线连接成完整电路，注意连接前先关闭电源开关 □检查无误后接通电源，未接通开关时，继电器不通电，常开触点断开，电动机_____，接通开关时，继电器通电工作，常开触点闭合，电动机_____（填"转动"或"停止"）
3	7S 管理	1）对使用的模块和设备进行 7S 管理 2）对工位进行 7S 管理	□检查使用的模块外观无损坏、刮花 □清洁工位 □工具、设备清点归位

任务实施二 检测汽车点火线圈

📍 任务描述

一辆汽车在行驶中出现发动机抖动、怠速不稳定，经过检查判断点火线圈出现异常。请你按照操作流程和规范，完成点火线圈的电路测量。

📋 工作计划

1. 制订工作计划

步骤	工作内容	负责人
1		
2		
3		
4		
5		

2. 列出需要的实训板、工具、耗材和器材清单

序号	名称	型号与规格	单位	数量	备注
1					
2					
3					
4					
5					

进行决策

1）各组派代表阐述工作计划。

2）各组对其他组的工作计划提出自己不同的看法。

3）教师结合各组工作计划进行点评，提出指导性意见。

4）决策选出较优工作计划。

工作实施

1. 按照本组制订的计划开展工作

1）领取实训板及材料。

2）认识与检查实训板。

3）各组员分工合作完成工作任务。

2. 实训任务

完成点火控制特性实训。

3. 实训步骤

1）领取实训板及材料。

点火特性电路
实训

可调电压锂电池模块	点火控制特性实训板	三通道示波器及信号源

2）连接线路。

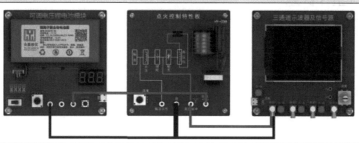

点火控制特性线路连接

3）具体实训流程。

序号	步骤	操作方法及说明	质量标准与记录
1	实训板基本检查	检查实训板外观和电子元器件	□检查实训板外观无划伤、损坏 □检查可调锂电池模块工作正常 □检查实训板工作正常 □检查示波器工作正常
2	模块设备连接及调试	根据电路图连接各模块（注意接线习惯，正极用红色，负极用黑色）	□用导线连接成完整电路，注意连接前先关闭电源开关 □检查无误后接通电源，打开示波器电源开关，进入参数设置项设置合适参数，旋转点火速度控制电位器，观察跳火情况和示波器波形，做好相关记录
3	7S 管理	1）对使用的模块和设备进行 7S 管理 2）对工位进行 7S 管理	□检查使用的模块外观无损坏、刮花 □清洁工位 □工具、设备清点归位

学习任务二 直流电机分析与电路检测

📋 任务描述

汽车电动车窗升降出现故障，经检查是车窗控制直流电动机出现故障。请你按流程要求及标准，完成直流电机各部件检测、直流电机正转控制信号、直流电机反转控制信号的测试。

工作计划

1. 制订工作计划

步骤	工作内容	负责人
1		
2		
3		
4		
5		

2. 列出需要的实训板、工具、耗材和器材清单

序号	名称	型号与规格	单位	数量	备注
1					
2					
3					
4					
5					

进行决策

1）各组派代表阐述工作计划。

2）各组对其他组的工作计划提出自己不同的看法。

3）教师结合各组工作计划进行点评，提出指导性意见。

4）决策选出较优工作计划。

工作实施

1. 按照本组制订的计划开展工作

1）领取实训板及材料。

2）认识与检查实训板。

3）各组员分工合作完成工作任务。

2. 实训任务

完成直流电机控制原理检测。

3. 实训步骤

1）领取实训板及材料。

可调电压锂电池模块	直流电机控制实训板	三通道示波器及信号源
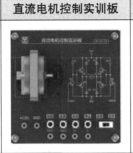		

直流电机控制
原理检测

2）识读直流电动机控制原理检测电路并连接线路。

直流电动机控制原理检测电路	线路连接
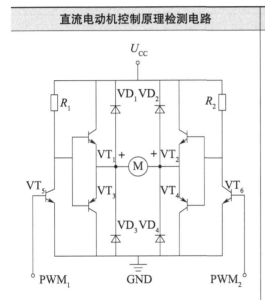	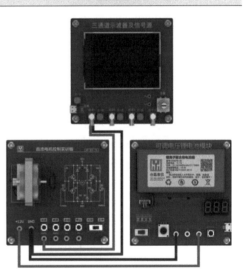

3）具体实训流程。

序号	步骤	操作方法及说明	质量标准与记录
1	实训板基本检查	检查实训板外观和电子元器件	□检查实训板外观无划伤、损坏 □检查可调电压锂电池模块工作正常 □检查实训板工作正常 □检查示波器工作正常
2	模块设备连接	根据线路连接图连接各模块（注意接线习惯，正极用红色，负极用黑色）	□根据线路连接图连接可调电压锂电池模块、三通道示波器及信号源、直流电机控制实训板

（续）

序号	步骤	操作方法及说明	质量标准与记录
3	直流电机控制原理	注意：电路连接前，确认电源开关处于断开状态。接线无误后，检查导线安装牢靠	□万用表分别测量正／反转时 M+、M- 的电压大小，记录数据 □示波器观察正／反转时 PWM_1、PWM_2 的波形，并记录相关数据 表格见下

电压	M+	M-	PWM_1	PWM_2
正转				
反转				

序号	步骤	操作方法及说明	质量标准与记录
4	7S 管理	1）对使用的模块和设备进行 7S 管理 2）对工位进行 7S 管理	□检查使用的模块外观无损坏、刮花 □清洁工位 □工具、设备清点归位

学习领域四
汽车传感器和执行器应用

学习任务一　温度传感器的检测

📋 任务描述

　　一辆汽车行驶一段时间后会突然熄火，10min后重新起动，发动机又能正常运转，继而又熄火，之后不能再起动。经检查后发现冷却液温度传感器损坏，需要对汽车冷却液温度传感器进行检测。请你根据专业技术标准，完成热敏电阻及水温传感器的特性检测。

📅 工作计划

1. 制订工作计划

步骤	工作内容	负责人
1		
2		
3		
4		
5		

2. 列出需要的实训板、工具、耗材和器材清单

序号	名称	型号与规格	单位	数量	备注
1					
2					
3					
4					
5					

🔨 进行决策

1）各组派代表阐述工作计划。

2）各组对其他组的工作计划提出自己不同的看法。

3）教师结合各组工作计划进行点评，提出指导性意见。

4）决策选出较优工作计划。

📽 工作实施

1. 按照本组制订的计划开展工作

1）实训板的认识及检查。

2）各组员分工合作完成工作任务。

2. 实训任务

进行热敏电阻特性检测。

热敏电阻特性检测

3. 实训步骤

1）领取实训板及材料。

可调电压锂电池模块	数字万用表	热敏电阻
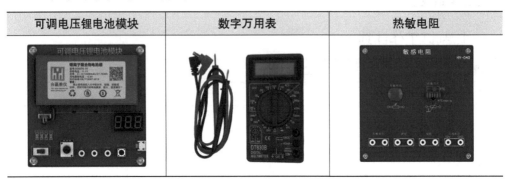		

2）识读 PTC 热敏电阻和 NTC 热敏电阻的检测电路并连接线路。

PTC 热敏电阻检测电路	线路连接
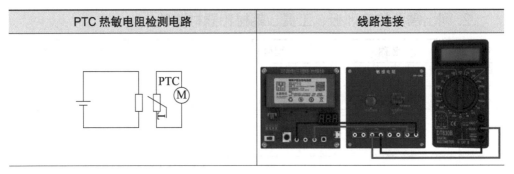	

（续）

NTC 热敏电阻检测电路	线路连接
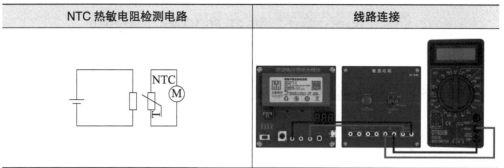	

3）具体实训流程。

序号	步骤	操作方法及说明	质量标准与记录
1	实训板基本检查	1）检查实训板外观和电子元器件 2）检查可调电压锂电池模块外观和电子元器件	□检查实训板外观无划伤、损坏 □检查可调电压锂电池模块正常 □检查实训板正常
2	PTC 电阻通电测试	1）根据线路连接图连接各模块（注意接线习惯，正极用红色，负极用黑色） 2）测量未通电时的 PTC 电阻阻值 3）测量加热时的 PTC 电阻阻值变化	□锂电池正极连接热敏电阻 ＿＿＿＿ 端子，负极连接热敏电阻 ＿＿＿＿ 端子 □万用表正、负极连接热敏电阻 PTC 侧 □用万用表 20kΩ 档测量 PTC 热敏电阻，用连接导 □在常温情况下，PTC 热敏电阻的阻值为 ＿＿＿＿，接通加热电阻，PTC 热敏电阻的阻值变化范围为 ＿＿＿＿＿＿＿＿，说明 ＿＿＿＿＿＿＿＿＿
3	NTC 电阻通电测试	1）根据线路连接图连接 NTC 热敏电阻、锂电池和万用表 2）测量未通电时 NTC 电阻阻值 3）测量加热时 NTC 电阻阻值变化	□锂电池正极连接热敏电阻 ＿＿＿＿ 端子，负极连接热敏电阻 ＿＿＿＿ 端子 □万用表正、负极连接热敏电阻 PTC 侧 □用万用表 20kΩ 档测量 NTC 热敏电阻，用连接导线按照线路连接图连接成完整电路，注意连接前先关闭电源开关 □在常温情况下，NTC 热敏电阻的阻值为 ＿＿＿＿＿＿；接通加热电阻，NTC 热敏电阻阻值变化范围为 ＿＿＿＿＿，说明 ＿＿＿＿＿＿＿＿＿
4	7S 管理	1）对使用的模块和设备进行 7S 管理 2）对工位进行 7S 管理	□检查使用的模块外观无损坏、刮花 □清洁工位 □工具、设备清点归位

学习任务二　转速传感器的检测

任务实施一　磁电感应式转速传感器的分析与检测

任务描述

　　一辆汽车磁感应式曲轴位置传感器与轮齿之间的间隙发生了变化，使得输出信号不正确，需对转速传感器工作特性进行检测。请你根据专业技术标准，完成磁电式转速传感器波形检测，以及磁电式曲轴位置传感器特性检测。

工作计划

1. 制订工作计划

步骤	工作内容	负责人
1		
2		
3		
4		
5		

2. 列出需要的实训板、工具、耗材和器材清单

序号	名称	型号与规格	单位	数量	备注
1					
2					
3					
4					
5					

进行决策

　　1）各组派代表阐述工作计划。

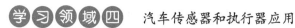

2）各组对其他组的工作计划提出自己不同的看法。

3）教师结合各组工作计划进行点评，提出指导性意见。

4）决策选出较优工作计划。

工作实施

1. 按照本组制订的计划开展工作

1）领取实训板及材料。

2）认识与检查实训板。

3）各组员分工合作完成工作任务。

2. 实训任务

完成磁电转速传感器波形检测。

3. 实训步骤

1）领取实训板及材料。

可调电压锂电池模块	三通道示波器及信号源	磁电传感器特性实训板

2）识读磁电传感器波形检测电路并连接线路。

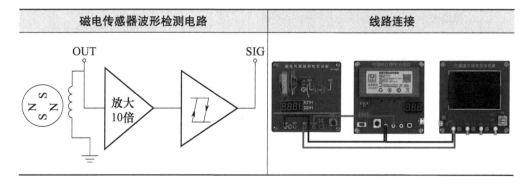

磁电传感器波形检测电路	线路连接

3）具体实训流程。

序号	步骤	操作方法及说明	质量标准与记录
1	电路板基本检查	1）检查磁电传感器特性实训板 2）检查示波器 3）检查可调电压锂电池模块	□检查实训板外观无划伤、损坏 □检查可调锂电池模块正常 □检查实训板正常
2	模块设备连接	根据线路连接图连接各模块（注意接线习惯，正极用红色，负极用黑色）	□根据线路连接图连接电路并完成以下填空 锂电池正极连接磁电传感器____端子 锂电池负极连接磁电传感器____端子 示波器测试线连接磁电传感器____端子 示波器屏蔽线连接磁电传感器____端子
3	磁电传感器通电测试	1）检查各模块连接状况 2）测量磁电传感器波形 3）调节不同转速查看传感器波形的变化 	□确认可调电压锂电池、磁电传感器电路板、示波器线路连接牢固并接线正确 □打开可调电压锂电池电源开关、磁电传感器电路板开关、示波器开关 □转动磁电传感器电路板电位计旋钮，将转速调至 3500r/min □把示波器灵敏度调至 2V，水平时基调至 5 ms，记录此时的波形图 □把示波器灵敏度与频率调至不同值查看并记录此时的波形图，并做对比 □调节不同的转速查看并记录波形对，并做对比
4	观察波形描绘波形	描绘输入、输出波形并做简要比较 **波形描绘**	□在表格下方的格子内描绘输入和输出波形 □描绘输入、输出波形的关系正确
5	7S 管理	1）对使用的模块和设备进行 7S 管理 2）对工位进行 7S 管理	□检查使用的模块外观无损坏、刮花 □清洁工位 □工具、设备清点归位

任务实施二 霍尔式转速传感器的分析与检测

🔍 任务描述

　　一辆汽车发动机熄火后，再也不能起动，经技师检测发现是发动机转速传感器损坏，需对发动机转速传感器特性进行检测。请你根据专业技术标准，完成霍尔开关元件的认知与测量以及霍尔传感器波形检测。

📋 工作计划

1. 制订工作计划

步骤	工作内容	负责人
1		
2		
3		
4		
5		

2. 列出需要的实训板、工具、耗材和器材清单

序号	名称	型号与规格	单位	数量	备注
1					
2					
3					
4					
5					

⚖ 进行决策

　　1）各组派代表阐述工作计划。

　　2）各组对其他组的工作计划提出自己不同的看法。

　　3）教师结合各组工作计划进行点评，提出指导性意见。

　　4）决策选出较优工作计划。

📽 工作实施

1. 按照本组制订的计划开展工作

1）领取实训板及材料。

2）认识与检查实训板。

3）各组员分工合作完成工作任务。

2. 实训任务

完成霍尔传感器波形检测。

霍尔传感器波形检测

3. 实训步骤

1）领取实训板及材料。

可调电压锂电池模块	三通道示波器及信号源	霍尔式传感器特性实训板

2）识读霍尔式传感器波形检测电路并连接线路。

霍尔式传感器波形检测电路	线路连接
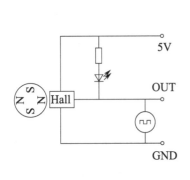	

3）具体实训流程。

序号	步骤	操作方法及说明	质量标准与记录
1	实训板基本检查	检查实训板外观和电子元器件	□检查实训板外观无划伤、损坏 □检查可调电压锂电池模块正常工作 □检查实训板正常工作 □检查三通道示波器正常工作
2	模块设备连接	根据线路连接图连接可调电压锂电池、霍尔式传感器特性实训板、示波器	□锂电池正极连接霍尔式传感器特性实训板____端子，锂电池负极连接霍尔传感器特性实训板____端子 □示波器测试线连接霍尔式传感器特性实训板____端子，示波器屏蔽线连接霍尔传感器特性实训板____端子 □连接完毕后检查霍尔式传感器特性实训板开关正常工作 □连接完毕后检查液晶显示器显示正常
3	使用示波器读取霍尔式传感器波形	读取霍尔式传感器波形 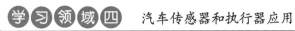	□确认可调电压锂电池、霍尔式传感器特性实训板、示波器线路连接牢固并接线正确 □打开可调电压锂电池电源开关、霍尔式传感器特性实训板开关、示波器开关 □转动霍尔式传感器特性实训板电位计旋钮，将转速调至3500r/min □把示波器幅值调至2V，水平时基5ms，记录此时的波形图 □把示波器幅值与频率调至不同值查看并记录此时的波形图，并做对比
4	观察波形描绘波形	通过描绘输出波形并做简要比较	□在下方表格内描绘输出波形 波形描绘
5	7S管理	1）对使用的模块和设备进行7S管理 2）对工位进行7S管理	□检查使用的模块外观无损坏、刮花 □清洁工位 □工具、设备清点归位

学习任务三　位置传感器的检测

任务描述

　　一辆汽车发动机故障诊断灯点亮、加速不良、油耗增加，经过检查发现有与发动机节气门位置传感器相关的故障码，需对节气门位置传感器及其电路进行检查。请你根据专业技术标准，完成节气门位置传感器特性实训以及电位器的检测。

工作计划

1. 制订工作计划

步骤	工作内容	负责人
1		
2		
3		
4		
5		

2. 列出需要的实训板、工具、耗材和器材清单

序号	名称	型号与规格	单位	数量	备注
1					
2					
3					
4					
5					

进行决策

　　1）各组派代表阐述工作计划。

　　2）各组对其他组的工作计划提出自己不同的看法。

　　3）教师结合各组工作计划进行点评，提出指导性意见。

　　4）决策选出较优工作计划。

📠 工作实施

1. 按照本组制订的计划开展工作

1）领取实训板及材料。

2）认识与检查实训板。

3）各组员分工合作完成工作任务。

2. 实训任务

完成节气门位置传感器特性实训。

节气门位置传感器特性测试

3. 实训步骤

1）领取实训板及材料。

可调电压锂电池模块	数字万用表	节气门位置传感器教学实训板

2）识读节气门位置传感器特性检测电路并连接线路。

节气门位置传感器特性检测电路	线路连接
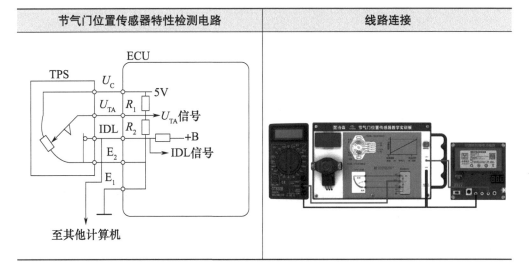	

3）具体实训流程。

序号	步骤	操作方法及说明	质量标准与记录
1	实训板基本检查	检查实训板外观和电子元器件	□检查实训板外观无划伤、损坏 □检查可调锂电池模块工作正常 □检查实训板工作正常
2	模块设备连接	根据线路连接图连接各模块（注意接线习惯，正极用红色，负极用黑色）	节气门位置传感器一般有三个接线端口，分别是＿＿ ＿＿，＿＿连接的是＿＿；＿＿，连接的是＿＿；＿＿，连接的是＿＿。其中＿＿是可变电位信号
3	节气门位置传感器特性测试	1）断开电源测量节气门电阻变化情况 2）接通电源观察输出电压的变化情况	□确认可调锂电池、节气门位置传感器连接牢固并接线正确 □确认可调锂电池电源开关处于关闭状态 □先断开电源，用万用表电阻档测量 GND 和 U_{TA} 之间的阻值，旋转滑动片，阻值的变化情况＿＿ □接通电源，从左至右旋转滑动触点，输出电压的变化范围＿＿，说明 U_{TA} 输出电压随节气门开度＿＿，呈线性变化
4	7S 管理	1）对使用的模块和设备进行 7S 管理 2）对工位进行 7S 管理	□检查使用的模块外观无损坏、刮花 □清洁工位 □工具、设备清点归位

学习任务四　进气量传感器的检测

任务实施一　进气压力传感器的分析与检测

任务描述

汽车进气压力传感器出现故障，需要对进气压力传感器工作模块进行检测。请你按照专业技术标准、规范，进行传感器电路搭建检测、惠斯通电桥检测。

工作计划

1. 制订工作计划

步骤	工作内容	负责人
1		
2		
3		
4		
5		

2. 列出需要的实训板、工具、耗材和器材清单

序号	名称	型号与规格	单位	数量	备注
1					
2					
3					
4					
5					

进行决策

1）各组派代表阐述设计方案。

2）各组对其他组的设计方案提出自己不同的看法。

3）教师结合各组完成的情况进行点评，提出指导性意见。

4）决策选出较优工作计划。

工作实施

1. 按照本组制订的计划开展工作

1）领取实训板及材料。

2）实训板的认识及检查。

3）各组员分工合作完成工作任务。

2. 实训任务

1）惠斯通电桥测量。

2）进气压力传感器模块检测。

3. 实训步骤

惠斯通电桥
测量

（1）惠斯通电桥测量

1）领取实训板及材料。

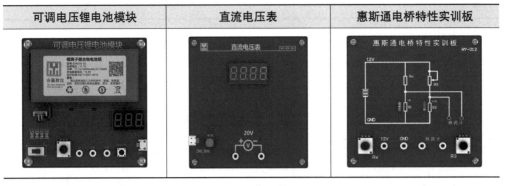

可调电压锂电池模块	直流电压表	惠斯通电桥特性实训板

2）识读惠斯通电桥检测电路并连接线路。

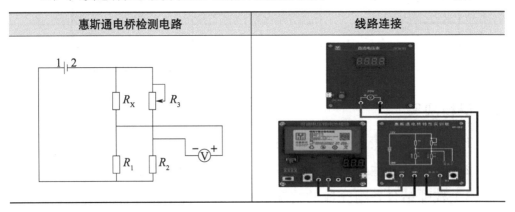

惠斯通电桥检测电路	线路连接

3）具体实训流程。

序号	步骤	操作方法及说明	质量标准与记录
1	实训板基本检查	检查实训板外观和电子元件	□检查实训板外观无划伤、损坏 □检查可调锂电池模块工作正常 □检查实训板工作正常
2	模块设备连接	根据线路连接图连接各模块（注意接线习惯，正极用红色，负极用黑色）	根据图示连接电路并完成以下填空： □锂电池正极连接惠斯通电桥模块____端子 □锂电池负极连接惠斯通电桥模块____端子 □直流电压表正极连接惠斯通电桥模块____端子 □直流电压表负极连接惠斯通电桥模块____端子

（续）

序号	步骤	操作方法及说明	质量标准与记录
3	惠斯通电桥模块通电测试	1）检查各模块连接状况 2）通电测量惠斯通电桥模块	□确认可调电压锂电池、惠斯通电桥模块、直流电压表连接牢固并接线正确 □分别打开可调电压锂电池电源开关、直流电压表开关 □固定 R_x 电位器，调节 R_3 电位器，当电桥平衡时，直流电压表读数为____V，此时电桥满足 $R_x/R_1 = R_3/R_2$ 用万用表测量 $R_3=$ ____，并计算 $R_x=$ ____ □用万用表测量 $R_x=$ ____，对比计算值，验证 $R_x/R_1 = R_3/R_2$ ____（是/否）成立 □再次固定 R_x 电位器，调节电位器 R_3，使电桥平衡 □再次记录平衡时直流电压表读数为____V □总结惠斯通电桥电路的特性： _____ _____ _____
4	7S 管理	1）对使用的模块和设备进行 7S 管理 2）对工位进行 7S 管理	□检查使用的模块外观无损坏、刮花 □清洁工位 □工具、设备清点归位 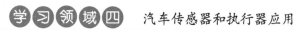 进气歧管压力传感器模块检测

（2）进气压力传感器模块检测

1）领取实训板及材料。

可调电压锂电池模块	进气压力传感器工作原理教学实训板
	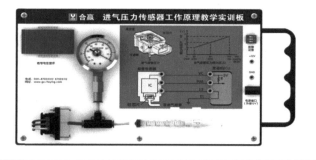

2）识读惠斯通电桥检测电路并连接进气压力传感器电路。

惠斯通电桥检测电路	进气压力传感器连接电路
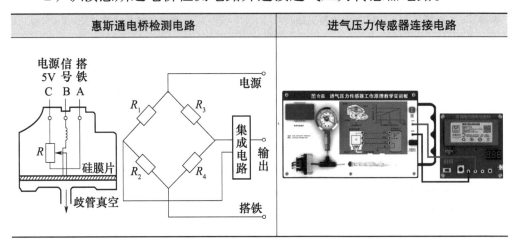	

3）具体实训流程。

序号	步骤	操作方法及说明	质量标准与记录
1	实训板基本检查	1）检查进气压力传感器工作原理教学实训板 2）检查可调电压锂电池模块	□检查实训板外观无划伤、损坏 □检查可调电压锂电池模块工作正常 □检查实训板工作正常
2	模块设备连接	根据线路图连接可调锂电池模块、进气压力传感器实训板	□根据线路图连接电路并完成以下填空： 锂电池正极连接进气压力传感器____端子 □锂电池负极连接进气压力传感器____端子
3	进气压力传感器模块通电测试	1）检查各模块连接状况 2）通电测量进气压力传感器	□确认可调电压锂电池、进气压力传感器连接牢固并接线正确 □打开可调电压锂电池、进气压力传感器开关 □读取并记录此时电压表显示电压为____V □拉动注射器，检查真空表指针是否工作正常 □拉动注射器，此时传感器腔内真空度逐渐____，PIM输出电压逐渐____ □拉动注射器，分别记录五组真空度对应的信号电压值，并把对应五组数据形成表格 □把对应五组数据形成二维坐标图

（续）

序号	步骤	操作方法及说明	质量标准与记录
		传感器的信号电压 提示：真空度值可以自行选取	根据表中数值，画出进气压力传感器输出特性图 提示：参考进气压力传感器实训板上特性图

真空度 /kPa	传感器信号电压 /V
13	
26	
40	
53	
66	

序号	步骤	操作方法及说明	质量标准与记录
4	7S 管理	1）对使用的模块和设备进行 7S 管理 2）对工位进行 7S 管理	☐检查使用的模块外观无损坏、刮花 ☐清洁工位 ☐工具、设备清点归位

任务实施二　空气流量传感器的分析与检测

任务描述

　　汽车上的空气流量传感器热线电路出现故障，需要对热线电路进行检测。请你按照专业技术标准，进行热线式空气流量传感器的模块连接和特性参数的检测分析。

工作计划

　　1. 制订工作计划

步骤	工作内容	负责人
1		
2		
3		
4		
5		

2. 列出需要的实训板、工具、耗材和器材清单

序号	名称	型号与规格	单位	数量	备注
1					
2					
3					
4					
5					

进行决策

1）各组派代表阐述设计方案。

2）各组对其他组的设计方案提出自己不同的看法。

3）教师结合各组完成的情况进行点评，提出指导性意见。

4）决策选出较优工作计划。

工作实施

1. 按照本组制订的计划开展工作

1）领取实训板及材料。

2）认识与检查实训板。

3）各组员分工合作完成工作任务。

2. 实训任务

完成热线式空气流量传感器模块检测。

热线式空气流量
计模拟实际工况
及检测实训

3. 实训步骤

1）领取实训板及材料。

可调电压锂电池模块	空气流量传感器工作原理教学实训板

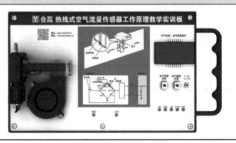

2）识读空气流量传感器特性检测电路并连接线路。

空气流量传感器特性检测电路
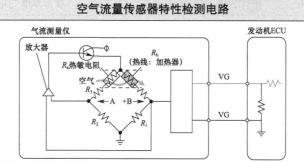

线路连接

3）具体实训流程。

序号	步骤	操作方法及说明	质量标准与记录
1	实训板基本检查	1）检查空气流量传感器工作原理教学实训板 2）检查可调电压锂电池模块	□检查实训板外观无划伤、损坏 □检查可调锂电池模块工作正常 □检查实训板工作正常
2	模块设备连接	根据线路连接图连接各模块（注意接线习惯，正极用红色，负极用黑色）	□根据连接电路并完成以下填空： 锂电池正极连接空气流量传感器＿＿＿端子 锂电池负极连接空气流量传感器＿＿＿端子
3	空气流量传感器模块通电测试	1）检查各模块连接状况 2）通电测量空气流量传感器	□确认可调电压锂电池、空气流量传感器连接牢固并接线正确 □打开可调电压锂电池、空气流量传感器开关 □调节电位器控制风扇转速并完成下列填空：顺时针旋转进气流量控制开关，此时风扇转速会＿＿＿，表明进气量＿＿＿，显示屏空气流量变化范围＿＿＿ □调节控制风扇转速过程中用万用表测量输出电压，记录测量4组数值并画出坐标图：

（续）

序号	步骤	操作方法及说明	质量标准与记录	
3	空气流量传感器模块通电测试	1）检查各模块连接状况 2）通电测量空气流量传感器	**万用表显示数值 /V**	**空气流量数值 /（g/s）**
			□以上数据说明，空气流量越大，输出信号电压越_____ □调节进气温度开关控制进气温度； □调节进气温度过程中，万用表测量输出电压，记录测量 3 组数值：	
			万用表显示数值 /V	**进气温度数值 /℃**
			□以上数据说明，进气温度越高，温度信号电压越_____	
4	7S 管理	1）对使用的模块和设备进行 7S 管理 2）对工位进行 7S 管理	□检查使用的模块外观无损坏、刮花 □清洁工位 □工具、设备清点归位	

学习任务五　电磁阀的控制原理与检测

任务描述

　　汽车的喷油器出现了故障，需要对喷油器电阻及控制电路进行检测。请你按照专业技术标准，进行喷油器电阻与喷油器通电工作情况的检测分析。

📋 工作计划

1.制订工作计划

步骤	工作内容	负责人
1		
2		
3		
4		
5		

2.列出需要的实训板、工具、耗材和器材清单

序号	名称	型号与规格	单位	数量	备注
1					
2					
3					
4					
5					

⚖️ 进行决策

1）各组派代表阐述设计方案。

2）各组对其他组的设计方案提出自己不同的看法。

3）教师结合各组完成的情况进行点评，提出指导性意见。

4）决策选出较优工作计划。

📇 工作实施

1.按照本组制订的计划开展工作

1）领取实训板及材料。

2）认识与检查实训板。

3）各组员分工合作完成工作任务。

2.实训任务

进行喷油器的检测。

3. 实训步骤

1）领取实训板及材料。

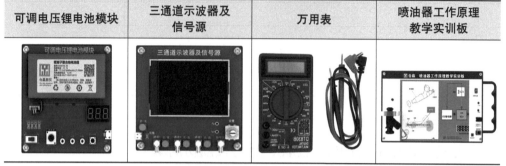

可调电压锂电池模块	三通道示波器及信号源	万用表	喷油器工作原理教学实训板

2）识读喷油器检测电路并连接线路。

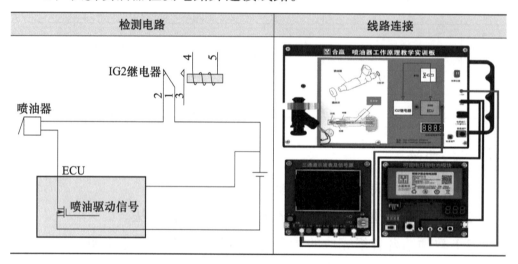

检测电路	线路连接

3）具体实训流程。

序号	步骤	操作方法及说明	质量标准与记录
1	实训板基本检查	1）检查可调电压锂电池模块 2）检查三通道示波器及信号源 3）喷油器工作原理教学实训板	□检查实训板外观无划伤、损坏 □检查可调电压锂电池模块工作正常 □检查实训板工作正常
2	检查喷油器电阻	检查示教板上喷油器电阻	□万用表打到____档位 □万用表红表笔连接喷油器____端子，黑表笔连接喷油器____端子 □喷油器电阻值为____Ω

（续）

序号	步骤	操作方法及说明	质量标准与记录
3	模块设备连接	根据线路连接图连接各模块（注意接线习惯，正极用红色，负极用黑色）	□锂电池正极连接实训板____端子，锂电池负极连接实训板____端子 □示波器红色探头连接实训板的____端子，示波器黑色探头连接实训板的____端子
4	模块设备调试检测	调试检测模块	接通电源，旋转转速调节按钮，观察实训板上面的喷油器工作指示灯闪烁的频率： □当顺时针旋转转速按钮时，转速____，喷油器指示灯闪烁频率____ □当逆时针旋转转速按钮时，转速____，喷油器指示灯闪烁频率____ □调试示波器，调试出喷油波形 接通电源，按脉宽调节按钮，观察示波器波形变化： □当喷油脉宽增大时，喷油器指示灯闪烁频率____，喷油波形周期____，幅值____ □当喷油脉宽减小时，喷油器指示灯闪烁频率____，喷油波形周期____，幅值____

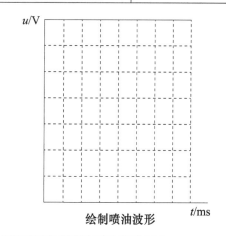

绘制喷油波形

| 5 | 7S 管理 | 1）对使用的模块和设备进行 7S 管理
2）对工位进行 7S 管理 | □检查使用的模块外观无损坏、刮花
□清洁工位
□工具、设备清点归位 |

学习领域五
新能源汽车高压系统认知

任务实施一　场效应晶体管的检测

任务描述

　　一辆行驶了 12 万 km 的纯电动轿车因电机故障进 4S 店检查，汽车维修技师拆解后发现电机驱动电路的场效应晶体管损坏。请你根据专业技术标准，完成场效应晶体管质量和特性的检测。

工作计划

1. 制订工作计划

步骤	工作内容	负责人
1		
2		
3		
4		
5		

2. 列出需要的实训板、工具、耗材和器材清单

序号	名称	型号与规格	单位	数量	备注
1					
2					
3					
4					
5					

进行决策

1）各组派代表阐述工作计划。

2）各组对其他组的工作计划提出自己不同的看法。

3）教师结合各组工作计划进行点评，提出指导性意见。

4）决策选出较优工作计划。

工作实施

1. 按照本组制订的计划开展工作

1）领取实训板及材料。

2）认识与检查实训板。

3）各组员分工合作完成工作任务。

2. 实训任务

完成场效应晶体管元件测量及特性参数测量。

场效应管元件测量及特性参数测量

3. 实训步骤

1）领取实训板及材料。

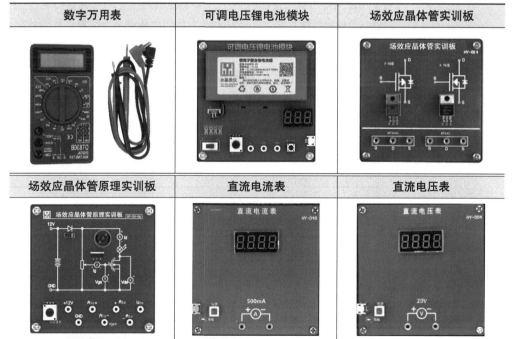

数字万用表	可调电压锂电池模块	场效应晶体管实训板
场效应晶体管原理实训板	直流电流表	直流电压表

2）识读场效应晶体管特性检测电路并连接线路。

场效应晶体管特性检测电路	线路连接
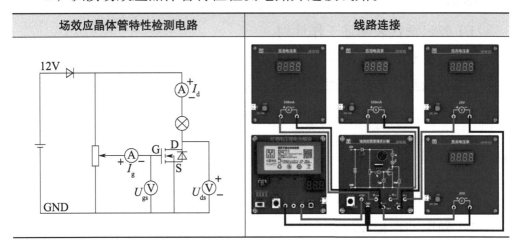	

3）具体实训流程。

序号	步骤	操作方法及说明	质量标准与记录
1	实训板基本检查	1）检查实训板外观和电子元件 2）检查可调电压锂电池模块	□检查实训板外观无划伤、损坏 □检查可调电压锂电池模块正常工作 □检查实训板正常工作
2	模块设备连接	根据线路连接图连接各模块（注意接线习惯，正极用红色，负极用黑色）	□连接电路并完成以下填空 其中，I_g 测量的是____，U_{gs} 测量的是____，I_d 测量的是____，U_{ds} 测量的是____；从左至右旋转电压调节电位器，我们可以看到灯泡亮度的变化情况是____

1）探究电压 U_{gs} 变化过程中，电压 U_{gs} 与电流值 I_g 的变化情况

转动可调电阻旋钮，改变电压 U_{gs} 的大小，并记录相应电流值 I_g

电压 U_{gs}	记录流经 G 极的电流 I_g	电压 U_{gs}	记录流经 G 极的电流 I_g
0V	____A	6V	____A
1V	____A	7V	____A
2V	____A	8V	____A
3V	____A	9V	____A
4V	____A	10V	____A
5V	____A	—	—

由此实验可知，G 极电压上升过程中，电流 I_g 接近于____mA，可以视为场效应晶体管的 G 极与 S 极之间____（有 / 无）电流通过，处于____（导通 / 断开）状态

（序号 3）

（续）

序号	步骤	操作方法及说明	质量标准与记录

2）探究电压 U_{gs} 变化过程中，电压 U_{gs} 与电流值 I_d 的变化情况

转动可调电阻旋钮，改变电压 U_{gs} 的大小，并记录相应电流值 I_d

电压 U_{gs}	记录流经 D 极的电流 I_d	电压 U_{gs}	记录流经 D 极的电流 I_d
0V	____ A	6V	____ A
1V	____ A	7V	____ A
2V	____ A	8V	____ A
3V	____ A	9V	____ A
4V	____ A	10V	____ A
5V	____ A	—	—

由此实验可知，D 极电压上升过程中，自 D 极至 S 极的电流的变化情况是_____
_____

3）探究电压 U_{gs} 变化过程中，电压 U_{gs} 与电压值 U_{ds} 的变化情况

转动可调电阻旋钮，改变电压 U_{gs} 的大小，并记录 D 极与 S 极的电压值

电压 U_{gs}	记录 D 极与 S 极的电压 U_{ds}	电压 U_{gs}	记录 D 极与 S 极的电压 U_{ds}
0V	____ V	6V	____ V
1V	____ V	7V	____ V
2V	____ V	8V	____ V
3V	____ V	9V	____ V
4V	____ V	10V	____ V
5V	____ V	—	—

（序号 3）

由此实验可知，G 极电压上升初期，U_{ds} 接近电源电压，场效应晶体管相当于处于一个____（闭合/断开）状态，当 G 极上升到一定电压后，U_{ds} 电压接近于____V，相当于场效应晶体管处于____（闭合/断开）状态。从上表中我们可以得出结论：场效应晶体管是____控制型元件，控制特点是_____

| 4 | 7S 管理 | 1）对使用的模块和设备进行 7S 管理
2）对工位进行 7S 管理 | □检查使用的模块外观无损坏、刮花
□清洁工位
□工具、设备清点归位 |

任务实施二　IGBT 的检测

🔍 任务描述

　　新能源汽车的空调压缩机出现故障，需要对 IGBT 特性电路进行检测。请你按照专业技术标准，进行 IGBT 特性电路搭建与检测。

📋 工作计划

　　1. 制订工作计划

步骤	工作内容	负责人
1		
2		
3		
4		
5		

　　2. 列出需要的实训板、工具、耗材和器材清单

序号	名称	型号与规格	单位	数量	备注
1					
2					
3					
4					
5					

⚖ 进行决策

　　1）各组派代表阐述工作计划。

　　2）各组对其他组的工作计划提出自己不同的看法。

　　3）教师结合各组工作计划进行点评，提出指导性意见。

　　4）决策选出较优工作计划。

🎥 工作实施

1. 按照本组制订的计划开展工作

1）领取实训板及材料。

2）实训材料的认识及检查。

3）各组员分工合作完成工作任务。

2. 实训任务

进行 IGBT 特性参数测量。

IGBT 功率管
特性参数测量

3. 实训步骤

1）领取实训板及材料。

可调电压锂电池模块	IGBT 特性实训板	直流电流表（3个）	直流电压表（2个）
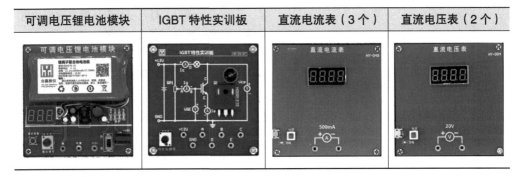			

2）识读 IGBT 特性检测电路并连接线路。

IGBT 特性检测电路	线路连接
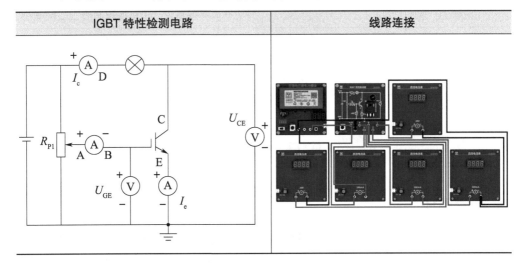	

3）具体实训流程。

序号	步骤	操作方法及说明	质量标准与记录
1	实训板基本检查	检查 IGBT 特性实训板	□检查实训板外观无划伤、损坏 □检查可调电压锂电池模块工作正常 □检查实训板工作正常
2	模块设备连接	根据线路连接图连接各模块（注意接线习惯，正极用红色，负极用黑色）	□根据线路图连接电路并完成以下填空 锂电池正极连接 IGBT 特性实训板____端子 锂电池负极连接 IGBT 特性实训板____端子 □连接完毕后，检查 IGBT 特性实训板开关工作正常 □连接完毕后，检查电压表、电流表显示器显示正常
3	IGBT 特性参数测量	接通电路，通过调节电位器观察灯泡亮度，并进行分析	□检查各模块正负极连接正确 □检查无误后，打开可调电压锂电池模块电源、直流电流表、直流电压表 □从左至右旋转电位器，门极电压 U_{GE} 上升到____V 时，灯泡开始亮，此时电路电流为____A，原因是_____ □当门极电压继续增大，集电极与发射极之间电压仍然接近于____V，电流变化不大 □结论：通过这个实训可以得出 IGBT 的栅极施加一定的电压后，可以控制 IGBT 从____（断开/闭合）状态变为____（断开/闭合）状态，等效为一个电压控制的____特性
4	7S 管理	1）对使用的模块和设备进行 7S 管理 2）对工位进行 7S 管理	□检查使用的模块外观无损坏、刮花 □清洁工位 □工具、设备清点归位

学习任务二　电压变换电路的认识与检测

📖 任务描述

新能源汽车的 DC/DC 变换器出现故障，需要对 DC/DC 电路进行检测。请你按照专业技术标准，进行 DC/DC 控制要求的电路搭建与检测。

📑 工作计划

1. 制订工作计划

步骤	工作内容	负责人
1		
2		
3		
4		
5		

2. 列出需要的实训板、工具、耗材和器材清单

序号	名称	型号与规格	单位	数量	备注
1					
2					
3					
4					
5					

⚒ 进行决策

1）各组派代表阐述工作计划。

2）各组对其他组的工作计划提出自己不同的看法。

3）教师结合各组工作计划进行点评，提出指导性意见。

4）决策选出较优工作计划。

👥 工作实施

1. 按照本组制订的计划开展工作

1）领取实训板及材料。

2）认识与检查实训板。

3）各组员分工合作完成工作任务。

2. 实训任务

进行 DC/DC 降压控制原理检测。

DC/DC 降压控制原理测试

3. 实训步骤

1）领取实训板及材料。

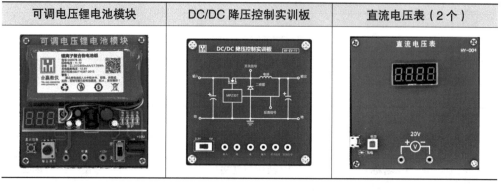

可调电压锂电池模块	DC/DC 降压控制实训板	直流电压表（2个）

2）识读 DC/DC 降压控制原理电路并连接线路。

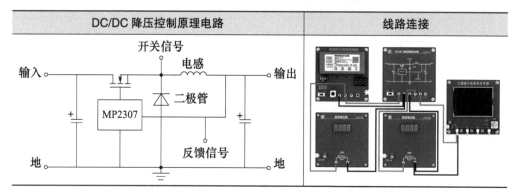

DC/DC 降压控制原理电路	线路连接

3）具体实训流程。

序号	步骤	操作方法及说明	质量标准与记录
1	实训板基本检查	检查 DC/DC 降压控制实训板	□检查实训板外观无划伤、损坏 □检查可调电压锂电池模块工作正常 □检查实训板工作正常
2	模块设备连接	根据线路连接图连接各模块（注意接线习惯，正极用红色，负极用黑色）	□根据线路图连接电路并完成以下填空 锂电池正极连接 DC/DC 降压控制实训板____端子 锂电池负极连接 DC/DC 降压控制实训板____端子 □连接完毕后，检查 DC/DC 降压控制实训板开关工作正常 □连接完毕后，检查电压表显示器显示正常

（续）

序号	步骤	操作方法及说明	质量标准与记录
3	记录 MP 2307 测量数据	接通电路，旋转可调电阻旋钮，调节 MP2307 输入端的电压，记录相应输出端电压	□检查各模块正负极连接正确 □检查无误后，打开可调电压锂电池模块电源、直流电压表 □旋转电位器，调节 MP2307 输入端的电压，记录相应输出端电压

输入电压 /V	2	4	6	8	10
输出电压 /V					

序号	步骤	操作方法及说明	质量标准与记录
4	绘制 MP 2307 特性曲线	根据 MP2307 输入端电压和输出端电压特性曲线 （坐标图，纵轴与横轴，原点 O） 	□描绘输入电压与输出电压的关系，输入为＿＿＿＿（直流电 / 交流电），输出为＿＿＿＿（直流电 / 交流电） □结论： 当输入电压达到 5V 以前，输出端电压的变化情况为＿＿＿＿ 当输入电压超过 5V 以后，输出端电压的变化情况为＿＿＿＿
5	7S 管理	1）对使用的模块和设备进行 7S 管理 2）对工位进行 7S 管理	□检查使用的模块外观无损坏、刮花 □清洁工位 □工具、设备清点归位

学习任务三　动力电池的认识与检测

任务描述

　　新能源汽车的电池充电保护装置出现了故障，现需要对动力电池电路部分进行故障检测。请你根据专业技术标准，完成锂电池质量检测、锂电池的充放电特性检测。

工作计划

1.制订工作计划

步骤	工作内容	负责人
1		
2		

（续）

步骤	工作内容	负责人
3		
4		
5		

2.列出需要的实训板、工具、耗材和器材清单

序号	名称	型号与规格	单位	数量	备注
1					
2					
3					
4					
5					

进行决策

1）各组派代表阐述工作计划。

2）各组对其他组的工作计划提出自己不同的看法。

3）教师结合各组工作计划进行点评，提出指导性意见。

4）决策选出较优工作计划。

工作实施

1.按照本组制订的计划开展工作

1）领取实训板及材料。

2）认识与检查实训板。

3）各组员分工合作完成工作任务。

2.实训任务

进行锂电池充电保护检测。

3.实训步骤

1）领取实训板及材料。

锂电池充电保护检测

可调电压锂电池模块	直流电压表	锂电池充放电控制实训板

2）识读锂电池充电保护检测电路并连接线路。

锂电池充电保护检测电路

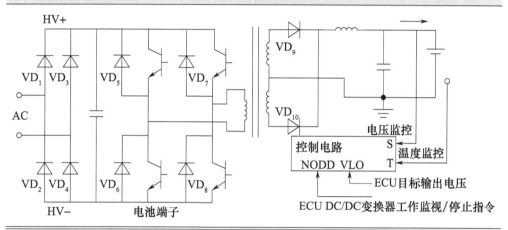

线路连接

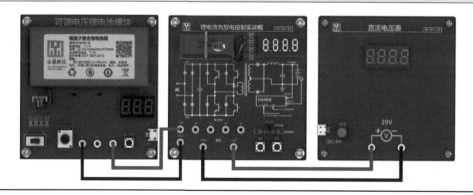

3）具体实训流程。

序号	步骤	操作方法及说明	质量标准与记录
1	实训板基本检查	检查实训板外观和电子元器件	□检查实训板外观无划伤、损坏 □检查可调电压锂电池模块工作正常 □检查实训板工作正常

（续）

序号	步骤	操作方法及说明	质量标准与记录
2	识读电路图	识读电路图	□高压交流电源经过____（滤波／整流）电路变为高压直流电，经过____（电容／线圈）滤波后，输入 DC/AC 整流器，将高压直流电转为低压交流电，低压交流电经过全波整流器，再经过____（滤波／整流）电路后转为稳定低压____（直流／交流）电，对电池组进行充电 □二极管 VD_5、VD_6、VD_7、VD_8 的主要作用：当晶体管从（导通／截止）状态变为____（导通／截止）状态时，与晶体管形成闭环回路，防止线圈感应电压击穿晶体管，起到保护电路的作用
3	模块设备连接	根据线路连接图连接各模块（注意接线习惯，正极用红色，负极用黑色）	□接通电源开关，充电指示灯____（亮／不亮），电池处于充电状态。然后按下加热开关，加热指示灯亮，模拟电池充电过程中温度的升高。当温度达到____℃时，控制电路使电池停止充电，保护动力电池 □由此实验可知，____对电池进行监控，防止电池充电过程中温度过高的情况
4	7S 管理	1）对使用的模块和设备进行 7S 管理 2）对工位进行 7S 管理	□检查使用的模块外观无损坏、刮花 □清洁工位 □工具、设备清点归位

学习任务四　驱动电机的认识及控制电路检测

🔍 任务描述

　　新能源汽车在行驶过程中出现故障，进场进行检查后发现三相电机出现了故障，现需要对三相电机进行故障检测。请你根据专业技术标准，完成三相电机驱动电源检测以及三相电机转速检测。

📋 **工作计划**

1. 制订工作计划

步骤	工作内容	负责人
1		
2		
3		
4		
5		

2. 列出需要的实训板、工具、耗材和器材清单

序号	名称	型号与规格	单位	数量	备注
1					
2					
3					
4					
5					

⚖️ **进行决策**

1）各组派代表阐述工作计划。

2）各组对其他组的工作计划提出自己不同的看法。

3）教师结合各组工作计划进行点评，提出指导性意见。

4）决策选出较优工作计划。

🖥️ **工作实施**

1. 按照本组制订的计划开展工作

1）领取实训板及材料。

2）认识与检查实训板。

3）各组员分工合作完成工作任务。

2. 实训任务

完成三相电机驱动电路实训。

3.实训步骤

1）领取实训板及材料。

可调电压锂电池模块	三通道示波器及信号源	三相电机驱动实训板
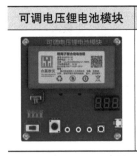	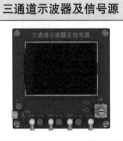	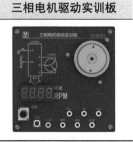

三相电机驱动实训

2）识读三相电机驱动电路并连接线路。

三相电机驱动电路	线路连接
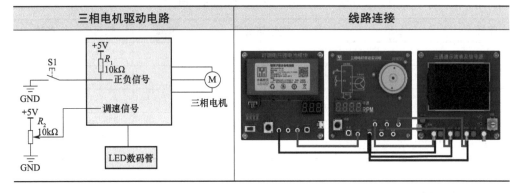	

3）具体实训流程。

序号	步骤	操作方法及说明	质量标准与记录
1	实训板基本检查	检查实训板外观和电子元器件	□检查实训板外观无划伤、损坏 □检查可调电压锂电池模块工作正常 □检查实训板工作正常 □检查三通道示波器是否正常工作
2	识读电路图	识读电路图并进行检测	□正反信号端子初始为____V高电平，当按下点动开关并且松手后，正反信号端子产生一个____（高/低）电平的脉冲信号。处理器根据此脉冲信号处理器改变____转动方向 □处理器根据可调电阻的____信号，控制变频器改变输出频率，从而实现变速 □电机转动过程中产生的脉冲信号，经过处理器内部的运算，控制LED数码管显示电机____

（续）

序号	步骤	操作方法及说明	质量标准与记录
3	模块设备连接	根据线路连接图连接各模块（注意接线习惯，正极用红色，负极用黑色）	□锂电池正极连接三相电机驱动实训板____端子，锂电池负极连接三相电机驱动实训板____端子 示波器通道1红表笔接三相电机驱动实训板 U_{CA} 端子 示波器通道2红表笔接三相电机驱动实训板 U_{BC} 端子 示波器通道3红表笔接三相电机驱动实训板 U_{AB} 端子 黑表笔接三相电机驱动实训板____端子 □电路连接前，确认电源开关处于断开状态 □接线无误后，检查导线安装牢靠
4	三相电机驱动电源电压波形检测	观察示波器中 U_{CA} 端子、U_{BC} 端子和 U_{AB} 端子电压的波形 U_{AB}, U_{BC}, U_{CA}	□检查电路连接无误后，接通电源和打开三通道示波器电源 □使用示波器测量 U_{CA} 端子、U_{BC} 端子和 U_{AB} 端子电压，绘制波形图 □由此实验可以得知，三相电机驱动电源的特点是_____
5	探究三相电源与电机转速的关系	观察示波器中 U_{CA} 端子、U_{BC} 端子和 U_{AB} 端子的波形随转速的变化	□转动可调电阻旋钮，控制电机转速，测量 U_{CA} 端子、U_{BC} 端子和 U_{AB} 端子电压。由此实验可以得知，_____ □按下正反按钮，使用三通道示波器测量 U_{CA} 端子 U_{BC} 端子和 U_{AB} 端子，转动可调电阻旋钮，控制电机转速，由此实验可以得知，_____
6	探究三相电机转速与转速脉冲信号的关系	观察三相电机转速脉冲端子的波形变化	□接通电源，使用三通道示波器测量转速脉冲信号端子，转动可调电阻旋钮，控制电机转速 观察现象：由此实验可以得知，_____ _____
7	7S 管理	1）对使用的模块和设备进行 7S 管理 2）对工位进行 7S 管理	□检查使用的模块外观无损坏、刮花 □清洁工位 □工具、设备清点归位

附录 A
部分常见新旧电气图形符号对照表

名称	国际符号	曾用符号
电源		
电阻		
电容		
极性电容		
二极管		
自动复位的手动按钮开关		

附录 B
部分常用逻辑图形符号对照表

名称	国际符号	曾用符号	国外常见符号
与门	&		
或门	≥1	+	
非门	1		
与非门	&		
或非门	≥1	+	
异或门	=1	⊕	
同或门（异或非门）	=	⊙